अभिमन्यु

(खण्ड काव्य)

सोनू कुमार मिश्रा

अंजुमन प्रकाशन

Title : Abhimanyu
Author : Sonu Kumar Mishra

Published By-
Anjuman Prakashan
942, Mutthiganj, Prayagraj, 211003
www.anjumanpublication.com
anjumanprakashan@gmail.com

Printed and bound in India.
Paperback, First published by Anjuman Prakashan in 2022
ISBN : 978-93-91531-96-6
Copyright © 2022 Sonu Kumar Mishra
Printing rights reserved : Anjuman Prakashan 2022
Cover & Typeset by Anjuman Prakashan

समर्पण

मैं अपने इस ग्रंथ को अपने राष्ट्र, स्वजन, परिजन, विद्यालय के सहकर्मी समेत सभी सम्मानित पाठकजन, प्रकाशक समेत सभी सम्मानित युवा साथियों को समर्पित कर रहा हूँ। उम्मीद करता हूँ की उन्हे ग्रंथ काफी अच्छा लगे।

- सोनू कुमार मिश्रा
लेखक

लेखक की कलम से

भारत देश का जब भी इतिहास पलट कर देखा जाता है तो कई ऐसे नाम सामने में अंकित होते है जिसने न केवल हमारे अतीत को स्वर्णिम बनाया बल्कि उसे एक दशा एवं दिशा भी देने का काम किया हो। न केवल दशा दिशा अपितु वह प्रतिमान स्थापित किया जिसने केवल किताबों के पन्ने नहीं अपितु जीवन के दर्शन के लिए भी एक आदर्श स्थापित किया। महाभारत के जितने भी पात्र हैं सभी अपने-आप में विशिष्ट और ऐतिहासक हैं किंतु उन पात्रों में से एक पात्र ऐसा भी हमारे सामने आता है जिसने न केवल महाभारत की दशा दिशा अपितु भारत के इतिहास में भी अपना नाम स्वर्णिम अक्षरों में अंकित किया।

हमने जब भी महाभारत को देखा और पढ़ा तो यह ज्ञात हुआ कि भारत भूमि के कई यौद्धा और शौर्य शक्ति का अनोखा संगम वहाँ मौजूद था। एक ऐसा युद्ध जिसने न केवल इतिहास के पन्नो को बदला न केवल एक युग की स्थापना की अपितु शौर्य शक्ति और बुद्धि का अतुल्य प्रदर्शन भी किया।

उसी युद्ध में अर्जुन और सुभद्रा के पुत्र अभिमन्यु ने जिस शक्ति और साहस का परिचय दिया तथा सामने में खड़े एक से बड़े एक यौद्धा और युग पुरोधा के समक्ष निडरता का भाव प्रकट किया वह न केवल हमें समझने की बल्कि अपने जीवन में उसे अंगीकार करने की भी आवश्यकता है। वर्तमान पीढ़ी जहाँ ऐतिहासिक प्रशिष्टों से दूर होती जा रही है एवं एक अज्ञात भय में अपना जीवन यापन कर रही है ऐसी परिस्थिति में यह आवश्यक है कि वह अभिमन्यु को पढ़े, जाने और समझे तथा जीवन के सभी परिदृश्य में आये हुए संकटो का सामना करे। इन्ही उद्देश्यों के साथ मैं सभी युवा पीढ़ी एवं सम्मानित पाठकों के मध्य अपनी खण्ड काव्य अभिमन्यु लेकर उपस्थित हो रहा हूँ।

सोनू कुमार मिश्रा

लेखक

अनुक्रम

01. प्राक्कथन — 9

02. पार्थ सुभद्रा का मिलन — 19

03 अभिमन्यु जन्म — 30

04. अभिमन्यु बचपन — 42

05. अभिमन्यु विवाह — 67

06. युद्ध का आगाज — 86

07. अभिमन्यु समर में — 104

08. अभिमन्यु चक्रव्यूह में — 118

09. अभिमन्यु वध-पांडव विलाप — 134

01. प्राक्कथन

भारत स्वदेश है, वीरों का,
गाथा लिखते, तस्वीरों का,
कण-कण में पराक्रम प्रवास,
शक्ति का है, घर-घर मे वास,
कोई नाम बड़ा कर जाता है,
कोई काम बड़ा कर जाता है।।

चलता रहता सदैव यह क्रम,
लेकिन यशगान रहता स्मरण,
अविचल हिमालय-सा अड़ा है,
बलिदानों पर देश खड़ा है,
अमस-सी इसकी जवानी है,
मिश्रित शोणित से पानी है।।

गंगा-यमुना की नीर कहे,
पाषाण पर की लकीर कहे,
साधु-संतों का है यह देश,
वीर सपूतों का यही प्रदेश,
तप भूमि यह अति ही न्यारा,
वन उपवन सब है अति प्यारा।।

चीख-चीख कहती खंडहर,
शत्रु का काल बना भयंकर,
सौहार्द का यह अग्रदूत,
वैरी का बना है यमदूत,
यौद्धा यम के पुजारी है
नायक सारे बलिहारी है।।

सहस्रो अरि संहार करें,
लहू से धरा शृंगार करें,
दिनकर-सा है चमकता तेज,
लक्ष्य कठिन भी लेता भेद,
बल प्रदर्शन बार-बार करें,
लड़े जो वह बार-बार मरें।।

शिशु शार्दूल के दंत गिने,
दैत्य कुमार भी सन्त बने,
अराति नित्य षड्यंत्र रचे,
बालक कोई ही अंत करे,
हो प्रतिज्ञा काटे पर्वत,
राह निकाले युग प्रवर्तक।।

वय अस्सी की मस्त जवानी,
वैरी कटक, पिला दे पानी,
वट-सावित्री अमर कहानी,
रण में स्वयं उतरती रानी,
शून्य का सबको मंत्र दिया,
जग को प्रथम गणतंत्र दिया।।

सत्य-अहिंसा हथियार बना,
देश परतंत्रता से लड़ा,
सदियों की कोई गाथा है,
कण-कण में भी पटकाथा है,
दो भाइयों का प्रताप दिखा,
यज्ञ के अश्व को रोक खड़ा।।

आचार्य का हुआ अपमान,
कुल नाश कर पाते सम्मान,
चरवाहों में राजा खोजे,
देश हित का सदा ही सोचे,
प्रताप, शिवजी या आजाद,
भारत माँ के पुत्र हजार।।

बहुत मुश्किल है सब बताना,
एक-एक करके समझाना,
भारत-भू के वीर गिनाना,
जैसे रवि को दीप दिखाना,
अरण्य, पर्वत, पत्थर ,पहाड़,
कल कल तरंगिणी का प्रवाह।।

स्वर्ग से सुंदर देश मेरा,
देव-तुल्य है स्वदेश मेरा,
विद्या - प्रज्ञा - वैभव - ज्ञान,
गर्द-गर्द है शौर्य सम्मान,
सब सभ्यता-संस्कृति वेश,
सब रंगों से सजा भारत देश।।

सोनू कुमार मिश्रा

देखा है बदलते कई युग,
देखा है हमने कई युद्ध,
मगर राष्ट्र वही खड़ा है,
रिपु के समक्ष सदा अड़ा है,
अमरत्व कथा सब जानो भी,
अतीत इसका पहचानो भी।।

कैसे बीते तीन-तीन युग,
याद रहे तुम्हें तट सरयू,
वह गोकुल मथुरा की गालियाँ,
वृंदावन की खिलती कलियाँ,
कुमार गौतम का मोह त्याग,
कैसे राजा बने थे दास।।

उदय हो तो अस्त भी होगा,
तिमिर फिर से नष्ट भी होगा,
आधुनिकता में खोना नहीं,
घुट-घुट कर कभी रोना नहीं,
स्मरण रखना इतिहास सदैव,
याद रहे दास या भूदेव।।

युग तो था ऐसा भी आया,
जिसने था जीना सीखाया,
सोचो कैसे छीने अधिकार,
शासन विरुद्ध हो तकरार,
दम्भ दमन सहा नहीं जाता,
भय में तो रहा नहीं जाता।।

अभिमन्यु

कहने को थे यौद्धा वीर,
धरा गगन के सभी तस्वीर,
अन्याय के आगे थे मौन,
ज्ञान-विज्ञान सब था गौण,
दुर्योध और पांडव पाँच,
तय संग्राम किसपर आँच।।

राजा स्वार्थ में अंधा था,
लेकिन न ही वह शर्मिंदा था,
अहंकार का जो पहरा था,
दरबार गूँगा बहरा था,
अन्यायी था वह अधिनायक,
सत्ता शोषण का परिचायक।।

पुत्रमोह में वह मरता था,
उपेक्षा सबकी करता था,
भीष्म तो बड़े ज्ञानी थे,
मगर वे बने अज्ञानी थे,
कर्ण तो सबसे प्रतापी था,
लेकिन गुरु से श्रापित था।।

शकुनी तो एक जुआरी था,
पासे का वही पुजारी था,
और भी थे यौद्धा सारे,
जो सब गौण रहे बेचारे,
देश का हुआ था बँटवारा,
पांडव कुरु आधा आधा।।

दुर्योधन थोड़ा सनकी था,
चाल-ढाल से वह कपटी था,
जग में था वह बालक आया,
पराक्रम जिसने दिखलाया,
प्रताप उसका ही याद रहा,
सदियों-सदियों भी बाद रहा।।

बड़ो से भी बड़ा काम किया,
शोणित से जग में नाम किया,
सजा हुआ जंग का क्षेत्र,
लहू का प्यासा कुरुक्षेत्र,
आयु सोलह बहुत काफी थी,
शत्रु को देनी ना माफी थी।।

बड़े-बड़े थे निकट में यौद्धा,
युग-पुरुष या युग-पुरोधा,
चाहता तो वह भाग जाता,
मिथ्या ही सही राग गाता,
मृत्यु से भी लगता नहीं डर,
भयहीन होकर रहा था लड़।।

खंडित होते सारे शस्त्र,
वसुधा पर भंजित उसका रथ,
लेकिन शौर्य से अड़ा रहा,
वैरी के समक्ष खड़ा रहा,
लड़ना था या तो मरना था,
फिर बोलो किससे डरना था।।

अभिमन्यु

डर कर अगर वह भाग जाता,
कौन भला उसे जान पाता,
एक युग की अमर कहानी,
अल्हड़-सी थी जो नादानी,
सुत पार्थ का अति बलिदानी
अमर कर पाया वह जवानी।।

राजनीति की थी दलदल वही,
फँसना तय शौर्य बल सभी,
प्रपंचों का एक जाल बुना,
मार्ग कठिन, पर उसने चुना,
अधिकार उसे जो पाना था,
शोणित समर में बहाना था।।

लहू देखे ना ही शत्रु मित्र,
रक्त देखे ना चाल चरित्र,
कितनी गाथा सुनाऊँ आज,
शब्द कितने गढ़ जऊँ आज,
गाथा यह पार्थ कुमार की,
उतरा के प्रिय प्रणय प्यार की।।

धिक्कारता हूँ प्रपंच को,
न्याय के आगे हुए छल को,
अंधे-बहरे सब आसान को,
हत्यारें उस सिंहासन को,
झूठे बैठे चाटुकारों को,
मिथ्या होते जयकारों को।।

राष्ट्र को यह कृति अर्पित है,
योद्धाओं को समर्पित है,
कीर्ति व्यर्थ जाने ना दूँ,
मृषा अश्रु बहाने ना दूँ,
सत्य का दामन पकड़ा हूँ,
झूठ के सामने अकड़ा हूँ॥

हुआ भीषण नरसंहार जो,
हुआ था महासंग्राम जो,
कहो उसका था दोषी कौन,
वास्तव में अपराधी कौन,
प्रश्न मैं यह गम्भीर रखूँ,
सन्मुख यही तस्वीर रखूँ॥

कुर्सी के लिए मचती द्वंद,
बज उठती है युद्ध की शंख,
दे देता अगर अधिकार,
अरे क्या जाता धृतराष्ट्र,
अधिकार का जब होता दमन,
तय है कइयों का हो मरण॥

कहो न्याय में क्या बाधा थी,
सच में कोई मर्यादा थी,
भृत्य हो या फिर हो युवराज,
चिरहरण का किसे अधिकार,
कहो कैसा वह प्रशासन था,
चौपट शायद सब शासन था॥

अभिमन्यु

लेकिन कुर्सी जो पाना था,
मार्ग असत्य अपनाना था,
प्रयोग हो सारे षड्यंत्र,
छल फरेब मक्कारी प्रपंच,
हाल जुआ का होता कैसा,
चाकर बनता राजा जैसा।।

कई औरों थे रहस्य छिपे,
खेला विधाता के थे रचे,
भृत्य होने का ढोंग रचाना,
नित-नित कोई खेल रचाना,
खेल सत्ता समझ ना आये,
जन सदा ही फँसता जाये।।

ऐसे अभिमन्यु भी खड़े है,
जो व्यूह में नित्य फँसे है,
व्यूह नहीं यह मकड़ जाल है,
सत्ता रचित मायाजाल है,
भूख कष्ट या फिर बीमारी,
सबको सता रही बेगाड़ी।।

अभिमन्यु को वह बुलाती है,
जाल में उसे उलझाती है,
व्यूह में उसे फँसाता है,
आसन तब ही वह पाता है,
सुनो ना, वही व्यथा सुनाता,
सच कभी भी कह नहीं पाता।।

प्रस्तुत करता अपना विचार,
शब्द - अक्षर - कौशल - व्यवहार,
अभिमन्यु कथा बताता हूँ
गाथा सबको सुनाता हूँ,
आरम्भ अब मैं करता हूँ,
कथा सभी मध्य रखता हूँ।।

02. पार्थ सुभद्रा का मिलन

द्वारिका से आया सन्देश,
मुरलीधर का मिला आदेश,
हे सखा मेरे पास आओ,
साथ मेरे मधु पल बिताओ,
आदेश टाला नहीं जाए,
आनंद संभाला ना जाए।।

है लेकिन किंतु परन्तु एक,
वेश बदलकर आना अनेक,
कौन हो तुम कोई ना जाने,
सहचर तुम्हें ना पहचाने,
स्मरण रहे सर्वदा वीर,
ज्ञात रहे जन-गण का पीड़।।

चढ़ाओ चाप की प्रत्यंचा,
पर जानो रंक की ईप्सा,
राह में मिले बाधा हजार,
या दिखे दीन-हीन, लाचार,
भृत्य वही जो सच को समझे
दुख निरीह निर्बल की परखे।।

घुमते हुए घने वन-उपवन,
बन करके सज्जन साधु संत,
पार करके बाधा प्रत्येक,
भान करके दुख कष्ट द्वेष,
द्वारिका में हुई हैरानी,
सम्मुख देख सुंदर युवरानी।।

देखते चित्त हो जाये लुब्ध,
हृदय प्रीत से होता मुग्ध,
अंतर्मन में उठता तरंग,
हर्षित अंग जागता उमंग,
तेज है चंचल चंचला-सी,
सौंदर्य   देवांगना-सी।।

समीप युवरानी के कुमार,
हो स्मित कुसुम यौवन शृंगार,
फड़-फड़ फड़कता बायाँ अंग,
कण-कण लगने लगता मतंग,
जागा है तन में ध्रुव अनन्त,
नील नयन में छाया वसन्त।।

घनघोर घटा जमकर बरसे,
दूज राजीव लोचन तरसे,
कौन है यह कहाँ से आया,
स्वरूप जिसका मन को भाया,
पूछ लेती हूँ नाम ग्राम,
जान लेती इसका पहचान।।

अहो, कुमार चैतन्य भाग्य,
कहो युवराज कौन हो आप,
आया हूँ मैं अति दूर से,
आया हूँ हस्तिनापुर से,
कुमार परिचय दे शर्माते,
परन्तु नाम ना वे बताते।।

कुमारी करे प्रश्न गम्भीर,
कौन यहाँ है सबसे वीर,
भारत भू का वीर गिनाना,
जैसे रवि को दीप दिखाना,
कई वीर कई-कई कुमार,
वीरों की है लंबी कतार।।

अहो वीर पार्थ पर बोलो,
शौर्य को शब्दों में खोलो,
कौन पार्थ क्या है अवशेष,
कितना पौरुष कितना शेष,
शब्द करने लगा है क्रोधित,
कुमार लागे अद्य से बोधित।।

भू पर पार्थ को ना जाने,
बल बुद्धि शौर्य नहीं मानें,
लगा रहा है हो मूढ़ कोई,
रहस्य छिपाता गूढ़ कोई,
जी करता उठाऊँ हथियार,
कर ही देती घातक प्रहार।।

चल रही है तीखी नोक झोंक,
केशव आकर दे रहे रोक,
सुभद्रा तुम क्यों हो गम्भीर,
कौन है संत कौन है वीर,
सुभद्रा रूठ करके बोली,
कोह हृदय का जमकर खोली।।

मूर्ख जाने ना ही वैभव,
भ्रमित बुद्धि या कठोर है देह,
अहो, सुभद्रा मत हो अमर्ष,
पार्थ से पूछो उसका यश,
अतिथि ही अर्जुन भान हुआ,
खुला भेद ना अंजान रहा।।

कहो अनुजा तुम क्यों हो मौन,
सम्मुख खड़ा तुम्हारे कौन,
वीर करे न अपनी बड़ाई,
अहंकार हर ले अच्छाई,
निकली वहाँ से शर्मित,
प्रिय पा भ्राता से लज्जाते।।

जाग उठते सारे अनुराग,
झंकृत वीणा सुर आ ताल,
होती उसकी सदा ही विजय,
बंधन नेह का हो अगर तय,
ऋतुओं का है अद्भुत संगम,
दो प्रेमी का हो रहा मिलन।।

अभिमन्यु

प्रेम द्युति से होता है निमित,
हृदय आमोद से रहे मुदित,
मगर जय को है आतुर कौन,
पग-पग बिछाता माहुर कौन,
शौर्य के समक्ष संकट अपार,
संघर्ष कर निकले हर बार।।

शकुनि का दुर्योध पर प्रभाव,
चले क्यों नहीं कपटी दाँव,
द्रौपदी प्रणय याद दिलाये,
दुर्योधन को वह उकसाये,
अर्जुन कैसे धेय्य को भेदे,
जाओ नंदन डालो घेरा।।

दुर्योध कपटी छल है चाल,
मग में अड़ंगा देता डाल,
शिष्य ढीठ गुरु है बलदेव,
द्वंद के सीखे सारे भेद,
गुरु शिष्य में अथक अभ्यास,
शिष्य गुरु को करें परास्त।।

प्रफुल्लित गुरु सरल व्यवहार,
माँगो दुर्योधन उपहार,
दुर्योधन धूर्त अति चालाक,
सोचा अवसर मिला है आज,
समय अनुकूल पलभर ना देर,
शब्द जाल में लूँ मैं घेरा।।

सोनू कुमार मिश्रा

गुरु कृपा की सदा हो वृष्टि,
मुझपर सदैव आपकी दृष्टि,
नहीं चाहिए विशेष उपहार,
सुपुर्द कीजिये सुभद्रा हाथ,
अति प्रसन्न हो दाऊ बोले,
अनुकूल प्रतिकूल को ना तौले।।

पिता समक्ष रखूँ प्रस्ताव,
मान ही लेंगे है विश्वास,
जाओ शिष्य कर लो विश्राम,
थके हुए हो करो आराम,
निष्कर्ष त्वरित नहीं बोलूँ,
आज्ञा से मुख मैं खोलूँ।।

कपटी प्रपंच जाल बिछाए,
सज्जन जाल में फँस जाए,
लेकिन समझ सकता ना चाल,
दर्पण कपट से देता ढाल,
घातक ना ही खड्ग तलवार,
घातक अधिक है कपटी वार।

महल में दोनों भाई पधारे,
राजा को वृतांत सुनाये,
कहे बलराम मैं बड़ा हूँ,
मंतव्यों पर मैं अड़ा हूँ,
सुभद्रा बड़ी हुई सयानी,
युवराज के कर दे दो पाणि।।

दाऊ आप नाम पता रखो,
गोल-गोल ना ही साफ कहो,
हस्तिनापुर से हो सम्बन्ध,
नूतन बेला का हो प्रबंध,
शिष्य प्रतापी अति बलवान,
दुर्योध नाम कहे बलराम।।

कृष्ण आपत्ति दर्ज कराते,
डूबता सूरज उसे बताते,
कहे दाऊ नहीं फँसाना,
केशव तुम ना खेल रचाना,
कृष्ण सुनकर होते अचंभित,
भावी कल सोचे चिंतित।।

क्यों झेले कोई अंधकार,
क्यों चुना नहीं जाए प्रकाश,
एक ओर वही कपटी चाल,
दूजा भारत भूमि का भाल,
कोमल तन बँधे प्रपंच से,
सरलता का अनुबंध छल से।।

ना-ना ऐसा होने ना दूँ,
स्वप्न प्रेम का खोने ना दूँ,
डूबता सूरज कौन निहारे,
उगते रवि से आस सँवारे,
कैसे खेले ना नया खेल,
कैसे सहे जोड़ी बेमेल।।

अर्जुन को लगते समझाने,
दम्भ दुर्योधन का बताने,
कहे पार्थ है विशेष लग्न,
मार्ग मात्र सुभद्रा हरण,
राह अगर ना ही दूजा हो,
कर्म मनुज की पूजा हो।।

अर्जुन वीर मगर कोमल मन,
सुनते सिहर उठता है बदन,
केशव है कैसा यह प्रबन्ध,
कही बिखरें ना सब संबन्ध,
केशव अर्जुन को समझाते,
नीति नियम का पाठ पढ़ाते।।

होगा क्या वही मैं सोचूँ,
सम्बन्धों को मैं ही देखूँ,
पार्थ मुझे उलझाओ नहीं,
समय व्यर्थ गँवाओ ना ही,
स्मरण रुकमणि से बंध,
कैसे हरण से तय सम्बन्ध।।

कृष्ण सुभद्रा को समझाते,
वृतांत सारा है बताते,
आदेश कोई बाँधे मुझे,
विवशता में है राखे मुझे,
करती अगर पार्थ से नेह,
जाना ही होगा साथ तुम्हें।।

अभिमन्यु

कह रहा जैसा काम करना,
हर कदम पर में साथ रहना,
लेकिन स्मरण रहे ये सदैव,
द्रौपदी का हो पूरा स्नेह,
मेरा आशीष रहेगा साथ,
जाओ सुभद्रा जी लो आज।।

सखा कठिन जाँच तुम्हारी,
बाधा कदम-कदम पर भारी,
समय व्यर्थ गँवाओ ना ही,
खड़ी है सुभद्रा जाओ भी,
अर्जुन पालन करें आदेश,
सुभद्रा संग चलता स्वदेश।।

सुनकर क्रोधित हुए बलराम,
बैठे हुए मंत्री तमाम,
क्रोधित युद्ध का हो आगाज,
वध पार्थ का करेंगे आज,
कहे कृष्ण मेरी बात सुनो,
युद्ध ना शांति प्रस्ताव चुनो।।

माना जाए मेरा कहना,
सुभद्रा द्वारिका की गहना,
कहे पार्थ का क्या अपराध,
कैसा दुशाहस कैसा पाप,
सुभद्रा भी बराबर भागी,
वरना ना चिखती चिल्लाती।।

प्रेम फलता रहे दोनों का,
समय नहीं रिश्ता खोने का,
हे दाऊ, है यही प्रस्ताव,
आपस मे नहीं हो बिखराव,
स्वीकार्य केशव का प्रसंग,
स्वीकार्य हो नया सम्बन्ध।।

उदित सूरज लाता सवेरा,
रैन का दूर हो अँधेरा,
नर की चाहत से क्या होता,
व्यर्थ में ही हँसता रोता,
होता वही जो चाहे देव,
घटना घटित हो वही सदैव।।

जिसे लाना होता सवेरा,
चलना पड़ता उसे अकेला,
भाग्य सदा दे उसका साथ,
श्रम पर जो करता विश्वास,
आलस्य लक्ष्य से हटाता,
जागे भाग्यों को सुलाता।।

अगर पथ में नहीं बाधा हो,
तय कैसे अटल इरादा हो,
जबतक तन में जीवंत साँस,
विजय की सदा रहे विश्वास,
हार से तब तक हारना ना,
आशा को कभी मारना ना।।

अभिमन्यु

प्रभु कृपा से हो जाए विजय,
शौर्य तुम्हारी लाये जय,
पार्थ संयम से ना हारे,
शत्रु चाहे कितना ललकारे,
शौर्य के साथ करता हरण,
होता सुभद्रा पार्थ वरण।।

सम्बन्ध नहीं यह दो तन का,
सम्बन्ध है यह दो वतन का,
वरण निश्चित लाये सवेरा,
नव युग स्थापना का बसेरा,
लेकिन तय जो मर्यादा हो,
ना तो कम ना ही ज्यादा हो।।

03 अभिमन्यु जन्म

सूरज कर्मों पर इठलाये,
नित सवेरे उजाला लाये,
चाँद जब-जब अलसाता है,
जग में अँधेरा छाता है,
शोभा तनों की होती मौन,
कृत्यों के सामने में गौण॥

राजा वही जो निंदा सुने,
कृत्यों पर शर्मिन्दा रहे,
बैठे रहते हैं चाटूकार,
मिथ्या लगाते जय-जयकार,
आसन ही बस प्यारा हो,
लेकिन ना ही वह न्यारा हो॥

चलता है वह सारे दाँव,
छीन लेता है छत की छाँव,
नृप के आँखों पर पट्टी हो,
भ्रम में अगर उसकी मती हो,
प्यारा लगने लगे युवराज,
हलक में फँसा हो आवाज॥

पीड़ा प्रजा की जाने कौन,
कमियाँ अपनी मानें कौन,
कुर्सी स्वार्थ बस हो अंधा,
न्याय होता गूँगा बहरा,
जन-गण-मन दर्द से कराहे,
कहो लेप तब कौन लगाये।।

सूरज को तो उगना होगा,
रातों को भी ढलना होगा,
आयेगी फिर से नव प्रभात,
होगी तब एक नव शुरूआत,
तम की अगर चुनौती होती,
मग में कई कसौटी होती।।

निकलता है जो बारम्बार,
होती उसी की जय-जयकार,
जो जाल में ही उलझता है,
मोह माया में फँसता है,
समय गँवाता है वह व्यर्थ,
शेष रहती नहीं सामर्थ्य।।

घूमता रहता समय का चक्र,
कभी आड़ा और कभी वक्र,
पीड़ा का अंत तो होना है,
बस धीरज को ना खोना है,
अहो मनुज थोड़ा धीर बनो,
काल उचित है गम्भीर बनो।।

हार निश्चित करें अस्थिरता,
चली जाती है अगर स्थिरता,
विस्मय पल में ना घबराना,
कठिन बहुत है नाम कमाना,
देता जो सच न्याय का साथ,
प्रभु कृपा का बने वह पात्र।।

सदैव रहे ना एक ही नृप,
समय समय पर बदलता भृत्य,
राज्य में आती नवीनता,
उन्नति पथ पर में प्रवीणता,
स्थापित नव फिर आयाम हो,
कृति यश से गढ़ा प्रतिमान हो।।

कहे भीष्म, सुनो महाराज,
बाँट लो तुम सारे कार्य,
महाराज, सेवादार चुनो,
काल उचित है युवराज चुनो,
कुमार की शिक्षा हुई पूरी,
कर्तव्यों से रहे ना दूरी।।

चुन लें वे अब किसे युवराज,
कर लेते खूब सोच-विचार,
ज्येष्ठ भले ही हो युधिष्ठिर,
परन्तु पुत्र आसन रहे स्थिर,
विस्मृत नीति न्याय और कर्म,
राज सिंहासन का क्या धर्म।।

अभिमन्यु

पुत्र मोह कुछ करना होगा,
दास स्नेह सुत वरना होगा,
आसन को जब घेरे माया,
कटु लगने लगती है छाया,
होना है जो होकर रहेगा,
कुछ पाकर कुछ खोकर होगा।।

राजा करें अति सोच विचार,
पुत्र दुर्योधन हो युवराज,
स्मृत घुटन में क्यों जीता था,
विष घुट-घुट करके पीता था,
अंधा था तो मिली ना राज,
वह दिन फिर आये ना आज।।

पल जो दुख में व्यतीत मेरा,
कुंठित था जो अतीत मेरा,
दिन फिर से दोहराने ना दूँ
लौटकर फिर से आने ना दूँ
अपने हाथों सुत से हो छल,
अच्छा मर जाना आत्मबल।।

मुकुट मेरा पुत्र संभाले,
राजकाज में साथ निभाये,
छोटे भाई की अनुकम्पा,
क्या मुझमें नहीं थी क्षमता,
मैंने भी राज्य संभाला,
इसे इतना आगे बढ़ाया।।

विधि का विधान तो नहीं टले,
चाहे संविधान ही बदले,
हो आसन पर दावेदारी,
पुत्र मोह के आगे भारी,
ना-ना पुत्र वियोग ना सहे,
राजा का पुत्र ही नृप बने।।

भरी सभा मे सुनाते सन्देश,
सुत मेरा युवराज आदेश,
युधिष्ठिर माँगते सम्मान,
राजन तय करे मेरा स्थान,
ज्येष्ठ पुत्र दीपक आधार,
राज्य का होगा बंटाधार।।

पुत्र आपका रहे युवराज,
नहीं हमें कोई ऐतराज,
मगर न्याय तो करना होगा,
स्थान हमारा कहना होगा,
चाहे दीजिये निर्जन देश,
या कोई छोटा प्रदेश।।

उन्नत देश का बँटवारा,
सम्पति सैनिक आधा-आधा,
सोच चिंतित होते पितामह,
लेकिन बनते कैसे बाधा,
राज्य सिंहासन के प्रहरी,
खड़े हैं पथ पर वे दोहरी।।

अभिमन्यु

पर आदेश झेलना होगा,
खेल अब यह खेलना होगा,
रहे अटल संकल्प इरादा,
मिल जाता भाग्य से ज्यादा,
बंजर भूमि से अन्न उपजे,
निर्धन कुटी में धन बरसे।।

युधिष्ठिर उत्तम है प्रस्ताव,
मानो आदेश है विश्वास,
चुनना होगा अपना प्रदेश,
खांडव वन या औरों देश,
पुत्रमोह में फँसता राजा,
कैसे सब कुछ दे दे आधा।।

जाओ जंगल तुम सम्भालों,
श्रम से अपना घर बनाओ,
माना गया नृप का आदेश,
बसाया गया सुंदर प्रदेश,
श्रम से अथक अम्बुज बहाते,
प्रजा हित का काज संभाले।।

सारे साधनों से सम्पन्न,
कोई ना हो वहाँ निर्धन,
हर्षित रहे वह पूरा नगर,
शिक्षित हो पुरा गाँव शहर,
न्याय सबका भी बराबर हो,
कर में ना ही हलाहल हो।।

सोनू कुमार मिश्रा

मिला था पांडव को राज्य,
समतुल्य विकास समान न्याय,
समय से सीमा विस्तार हो,
राजसूर्य का आह्वान हो,
बुलाये गये ऋषि मुनि सारे,
वीर यौद्धा स्वजन दुलारे।।

दुर्योधन ने दुत्कारा था,
मग में अड़ंगा डाला था,
वैभव देखकर होता है चकित,
सम्पन्नता से है अचंभित,
माया जाल में फँसता है,
गिरता है या सम्भलता है।।

कहीं पर चक्षु है चकराती,
दुर्योधन को वह उलझाती,
दिखे वह जो सच नहीं होता,
धीरज वीरता सब कुछ खोता,
ऋषि वीरों का संगम न्यारा,
शायद दृश्य हो ना दुबारा।।

दुर्लभ पल नहीं दोहराये,
छूटा अवसर लौट ना आये,
पाँच भाइयों की रानी,
द्रौपद सुता है पंचाली,
देख दुर्योध उड़ाये हास,
सम्भलकर चलो हे युवराज।।

अरे-अरे युवराज रुकना,
दासों के आगे ना झुकना,
पांडव करते हो उपहास,
कही महँगा हो ना हास्य,
दुर्योध क्रोधित टाले क्रोध,
अनुकूल समय लेंगे प्रतिशोध।।

यज्ञ पूर्ण विस्तृत राज्य,
अटल इरादा समतुल्य न्याय,
सहदेव नकुल भीम का साथ,
मिल-जुल कर रहते हैं पार्थ,
हर्षित रंक पग-पग परिवेश,
सुखी सम्पन्न पूरा प्रदेश।।

पार्थ का है जो दाम्पत्य,
पल्लवित कलियों का अधिपत्य,
भू को है अब अति प्रतीक्षा,
अर्जुन पुत्र देखे ईच्छा,
सुखद यही समाचार आया,
सुभद्रा गर्भ वीर समाया।।

सन्देशा सुन कर हर्षाये,
अंग-अंग में उत्सव जागे,
खुशियों से थे चमन खिले,
घर-घर में घी के दीप जले,
हर्षित कोयल की मधुर गान,
कल-कल सरिता मुदित मुस्कान।।

सुभद्रा माँग लो उपहार,
आनंदित हो कहते पार्थ,
अहो वीर आप ही उपहार,
संग आपके पूरा संसार,
लेकिन मुझे किस्सा सुनाये,
जो मेरे मन को अति भाये।।

वीरों की कथा सुनाना तुम,
गाथा एक-एक कर गाना तुम,
गर्वित पल वृतांत बताना,
अहो विस्तार से समझाना,
रण कौशल या संयमी वार,
सुनाना यही दिन और रात।

बताओ चाप की प्रत्यंचा,
और जानने की उत्सुकता,
साध लेते हो कैसे तीर,
कैसे भजते व्यूह गम्भीर,
चलते कैसे तीखे दाँव,
झेलते कैसे रण में घाव।।

शौर्य गाथा वीर बनाये,
बालक को अति धीर बनाये,
सीख जाए शायद गर्भ में,
सर उठायेगा अति गर्व से,
जाने कैसा होगा बालक,
सुरवीर या युद्ध में घातक।।

अभिमन्यु

एक-एक कथा पार्थ सुनाये,
वृतांत पूरा वे समझाते,
नौ माह में ही सात विद्या,
है प्रबल जानने की लिप्सा,
कभी सुने वह पूरी बात,
सो जाएँ कभी आधी रात।।

धूर्त कौन और कायर कौन,
भारत भूमि का नायक कौन,
गर्जती कैसे है झंकार,
करता कैसे है शंखनाद,
कैसे पाई थी उसने शिक्षा,
कैसे पूरी की थी दीक्षा।।

रण में स्थिर और घातक कौन,
यौद्धा कैसे भीष्म-द्रोण,
कब दिखलाया जाए वीरता,
कब प्रकट होती गम्भीरता,
कभी-कभी ही हास्य परिहास,
बीते जा रहे मास पर मास।।

नवोदय का होना आगमन,
प्रतिक्षण प्रकृति करती गमन,
अर्जुन घर में जो आयेगा,
वीरों के भाँति छायेगा,
यौद्धा होगा बालक वीर,
भारत भू का लिखे तस्वीरा।।

दिवस एक फिर ऐसा आया,
झूमा गगन धरा गुनगुनाया,
नृत्य करता है गाँव शहर,
सजा-धजा है वह पूरा नगर,
उत्सव महलों में है विशेष,
हर्षित धुन बाजे पूरा देश।।

बालक एक है जग में आया,
पांडव घर मे हर्ष छाया,
चमकता मुखड़ा रवि-सा तेज,
आभा से लगे शशि सम रेख,
बालक रहे यह अति बलवान,
वंदना करेगा युग युगांत।।

पुत्र का तेज दिखे गर्भ में,
कौशल वीरता सब गर्त में,
कहते पार्थ सुनो सुभद्रा,
शौर्य ना हो ऐसा दूजा,
शौर्य ध्वज को यह फहराये,
कीर्ति से अम्बर लहराये।।

साधु संत देते आशीष,
कहते कैसा होगा भविष्य,
तेज ऐसा नहीं दूजा हो,
कर्मों से इसकी पूजा हो,
वीरों की लिखी जाए ग्रन्थ,
स्थान बालक का होगा प्रथम।।

अभिमन्यु

कम आयु में बड़ा काम करें,
कुल का यह दीपक नाम करें,
शस्त्रों से रहेगा सज्जित,
भारत भूमि करेगा गर्वित,
पुत्र पार्थ का होगा वीर,
कुशल योग्य और रहे धीर।।

तेज रवि का छिप नहीं पाता,
पुत्र पालने में दिख जाता,
पुत्र वही जो हो कुल दीपक,
चट खाये ना बनकर दीमक,
चेतना शत्रु का करें शून्य,
नाम तय हो इसका अभिमन्यु।।

04. अभिमन्यु बचपन

जीते जो मन को प्यारा हो,
बाहुबल जो अधिक न्यारा हो,
नहीं तो लक्ष्य जाती छूट,
कड़ी जय की जाती है टूट,
शौर्य कभी भी थकता नहीं,
संकट हो पर रुकता नहीं।।

घूमता रहे समय का चक्र,
भू परिक्रमा करें नक्षत्र,
समय देता है सबको दंड,
राजा को बना देता रंक,
राजा ही अगर जुआरी हो,
पासे का वही पुजारी हो।।

फँस जाता कभी दाँव में,
अंधकार की वह छाँव में,
समय विपरीत हरती विवेक,
न्याय देती है घुटने टेक,
अहंकार जब-जब छाता है,
शक्ति को नष्ट कर जाता है।।

है शौर्य अगर धीरज धरो,
देश को अपना तीरथ जनों,
भूल गये अगर जन उपकार,
देश में मचेगा हाहाकार,
जलाना है दीपक जलाओ,
निर्धन आश्रम तम भगाओ।।

राजा चले जो चौसठ चाल,
प्रजा को दुःखो से देता ढाल,
दर्पण पर भी है धूल जमे,
आसन पर तब तो शूल चुभे,
दिखे नहीं अगर तुम्हें न्याय,
तांडव खूब करे अन्याय।।

सत्य बाजार में बिकता है,
झूठ नंगा नृत्य करता है,
मारे जाते सज्जन सारे,
हाथ मलते रहे बेचारे,
पीड़ा सड़को पर रोती है,
जीवन मूल्य वह खोती है।।

सत्य कई-कई बार झुकता,
झूठ सीने पर खूब नचता,
मदिरा-माँस संग में जुआ,
होना नहीं था जो सब हुआ,
जन सेवा का रहे ना भान,
भ्रमित बुद्धि क्षम्य ना ज्ञान।।

सोनू कुमार मिश्रा

सिंहासन लगने लगता हत्यारा,
मद राजा को लगता प्यारा,
सत्ता मद में वह ऐंठा हो,
मूक बधिर बनकर बैठा हो,
होगा क्या राम ही जाने,
दुख-दर्द भगवान ही जाने।।

अपमान रैन में सोने दे,
अट्टहास चैन से रोने दे,
ऐसा कभी क्या कुछ होता है,
धैर्य संयम सब खोता है,
पल-पल सोचे शेष है शोध,
शोणित में बस गया प्रतिशोध।।

शब्द द्रौपदी पल-पल गूँजे,
दुर्योधन पग-पग यह सोचे,
पांडवों से लेना बदला,
सदा मेरा स्थान हो पहला,
फाँसू कैसे मैं जाल में,
उलझाऊँ उसे किस चाल में।।

शकुनी से करे वह निवेदन,
छल ऐसा की हो ना भेदन,
कहे दुर्योध सुन लो मामा,
खेल कोई ऐसा रचाना,
पांडव फँस कर रह जाए,
उलझा-उलझा वह मर जाए।।

अभिमन्यु

राजा को दुर्योधन मनाता,
शकुनी चौसड़ खेल रचाता,
बुलाये गये अक्षक तमाम,
नृप, मंत्री, संतरी, प्रधान,
धर्मराज आहु सह ना पाते,
चौसड़ चाल दाँव लगाते।।

हस्तिनापुर का वही उत्सव,
छल-प्रपंच खेलों से बढ़कर,
चौसड़ का जब है साज सजा,
कुल वंश पर कई दाग लगा,
एक ही कुल के दो-दो भाई,
पासे से कर रहे लड़ाई।।

खेल है तो हार भी होगा,
प्रपंचों का वार भी होगा,
जो जीता वह जीतेगा क्या,
हारा जो वह हारेगा क्या,
ना जाने कब परिहास उड़े,
पल यह कोई इतिहास लिखे।।

शकुनी प्रपंच का जाल बुना,
भारत भूमि का भाल फँसा,
विकर्ण कहे सब युधिष्ठिर को,
रण कौशल में धैर्य स्थिर को,
बन्धु ना ही दाँव लगाना,
कुल में कोई दाग लगाना।।

धर्मराज खेल समझे नहीं,
चौसड़ चाल में उलझे कभी,
प्रथम हारते हैं राज पाट,
दूजा हारे भ्राता चार,
अंतिम दाँव लगती रानी,
हार जाते वे पंचाली।।

दुर्योधन हर्ष से हर्षाता,
शोध लेने का समय पाता,
दिखला रहा है अपना क्रोध,
अवसर उचित लेगा प्रतिशोध,
प्रतिशोध की धधकती जो ज्वाल,
रूधिर में उठ चूँकि है उबाल।।

पाँचों पांडव दास बने,
चरणों मे पूरा राज्य रखें,
कल तक रही जो महारानी,
दासी बनी वह पंचाली,
अंधभक्त सच देखे कैसे,
अंधकार में सोचे कैसे।।

नीचता में समझ ना पाये,
होगा क्या वह देखा जाए,
नाश भले हो कुल मर्यादा,
प्रवंचना ने सीमा लाँघा,
राजा रंक बन नहीं पाता,
प्रपंच को अगर समझ जाता।।

अभिमन्यु

दुर्योधन   उपहास   उड़ाता,
चौसड़ विजय उत्सव मनाता,
आदेश   देता,   सुन लो दास,
जाकर द्रौपदी लाओ पास,
नहीं है अब वह महारानी,
दासी बन चुकी पंचाली।।

मान जाए मान से लाना,
ना मानें घसीट कर लाना,
बताना   क्या   होता   आदेश,
अद्य बोध से पालन सन्देश,
जाओ   मेरा   कहना   मानो,
वरना   मेरा   अमर्ष   जानो।।

महल   में   द्रौपदी करे ठाट,
जाकर   पास   कहते   है   दास,
धर्मराज   हार   गये   दाँव,
चारों   भाई   वामा   छाँव,
सभा   मे   आने   का   बुलावा,
राज़ी   संग   हुआ   छलावा।।

क्या प्रिय सबकुछ हार गये हैं,
राज-पाट मत्ती मार गये है,
स्वयं हारा क्या दाँव लगाता,
पाहन पर क्या घास उगाता,
जब वे हारे तो मैं हारी,
क्या राजा को मति ने मारी।।

हाँ, महारानी यह सच है,
राज-पाट सब बीता कल है,
जाओ रानी हो उपेक्षा,
ना ही पूछे तेरी इच्छा,
क्या करे सुनकर हो अचंभा,
क्रोधित बिल्ली नोचे खम्भा।।

हो रही थी आने में देर,
दुर्योधन मचाता है शोर,
दासी हुक्म नहीं मानें तो,
द्रोही वह अद्य की भागी हो,
जाओ दुशासन खींच लाओ,
दूर नहीं उसे पास लाओ।।

महल पहुँचती पंचाली,
भरत कुल की लाज बहुरानी,
दुर्योध दे आदेश अनूठा,
रो देता है महल वह पूरा,
काँप उठती सभी दीवारें,
भू पर पड़ने लगी दरारें।।

बिजली जोरो से जाती कौंध,
अंत सारी दी जाती रौंद,
भीष्म का बोध होता गौण,
शस्त्र त्यागे बैठे है द्रोण,
माना जाए नृप था अंधा,
किंतु था क्या गूँगा बहरा।।

अभिमन्यु

चीखते हुए वायु बोले,
अणु परमाणु और कण डोले,
भाग द्रौपदी लाज बचाओ,
छोड़ो कल तुम आज बचाओ,
अंधा राजा नहीं नगर है,
अंधा पूरा गाँव शहर है।

लुटे अस्मत आयेगी मजा,
नहीं जानती है कौन सजा,
सिंहासन को यही अधिकार,
राज महलों पर धिक्कार,
अर्जुन की गांडीव है मौन,
कृपाचार्य की शिक्षा गौण।।

राजा की मति हो गयी भ्रमित,
जन गण मन हो जाता लज्जित,
सुन लो दुशासन वस्त्र हरो,
भरी सभा मे तुम नग्न करो,
कर्ण कहे पंच जन प्रेमिका,
ना ना नारी यह तो गणिका।।

अरे द्रौपदी कैसा भाग्य,
सुप्त हो चुका है सौभाग्य,
वह पुरुष नीच अभागा है,
निज पत्नी को जो हारा है,
कटु शासक और दम्भी लोग,
खुल जाए भले सारे रोग।।

सोनू कुमार मिश्रा

दुर्योधन बोले डंका पर,
बैठो दासी तुम जँघा पर,
भारत भूमि के सारे वीर,
उगते दिवाकर झिलमिल दीप,
चुपचाप बन गये है दर्शक,
मौन धारण कर चुके भरसक।।

दीपक भले करे जग रौशन,
तले रखता सदा अँधेरा,
धनु तीर तलवार गद्दा पर,
लज्जा ना ही रही धरा पर,
नारी खड़ी है जो सभा मे,
छल प्रपंच अंधेर गुफा में।।

धीरज धारण करके बोली,
पीड़ा अंतर्मन की खोली,
पति हारा तो रक्षक भ्राता,
देखते कौन क्या कर पाता,
कहे दुर्योध, सुनो दुशासन,
चिर हरण कर दिखाओ शासन।।

अदम्य साहस शौर्य प्रतीक,
कैसे होते है दिन नसीब,
दुशासन दुःसाहस दिखाये,
चिर पकड़ कर खींचता जाए,
लेकिन वस्त्र खत्म नहीं हो,
खींचो खींचो शर्म नहीं हो।।

नारी का हो रहा चीरहरण,
अच्छा था यौद्धा का मरण,
जिसका नहीं कोई सहारा,
ईश्वर देते है सहारा,
खींचते हुए दुशासन थका,
लेकिन वस्त्र कम नहीं पड़ा।।

दुर्जनता हद से बढ़ जाता,
बोलो सज्जन क्या कर पाता,
आसन देखे आँखों देखी,
लुटती इज्जत रोती बेटी,
लेकिन क्षणिक भी मर्म नहीं,
पुत्रमोह में कोई शर्म नहीं।।

बांचने को है शब्द नहीं,
कोई था वहाँ निःशब्द नहीं,
कलंकित दाग भारत भू पर,
हर्ष मनाया है अपयश पर,
सुविज्ञ की इंद्रियां खोती,
न्याय वहाँ शत बार रोती।।

अपमान नारी का तय विनाश,
राज पाट का हो सर्वनाश,
चीख चीख कर कहे पंचाली,
कलंक कुल का मैंने धो दी,
पितामह गुरु आप क्यों मौन,
कुछ तो बोलो बालवीर द्रोण।।

अहो महाराज क्या है उचित,
कोई बता दो क्या अनुचित,
अच्छा होता देखते नग्न,
सत्ता मद में रहो तुम मग्न,
पुत्रवधु की हँसी उड़ाते,
कैसे आप न्याय कर पाते।।

अरे द्रौपदी क्यों चिल्लाती,
पीड़ा अपनी किसे दिखाती,
कौन शेष जो सुने चीत्कार,
अंधे देखे क्या दुराचार,
न्याय मिलना बहुत मुश्किल है,
राजा नहीं वहाँ बुजदिल है।।

कहे द्रौपदी हे महाराज,
श्राप दे रही मैं तो आज,
राज-पाट ना सदा रहेगा,
कृति यश से ना पटा रहेगा,
रोये बेटी कलंकित राज,
नाश करेगा आपका काला।।

जिस प्रिय पुत्र के तुम पिता हो,
सजा लेना उसकी चिता को,
सुनो-सुनो यह सम्पूर्ण देश,
कुल नाश बिनु बाँधू ना केश,
नारी दुराचार के दोषी,
पुत्र प्रिय आसन के प्रेयसी।।

वंश का तेरे होगा नाश,
कौरव झेलेगा सर्वनाश,
राजा को पुत्र प्यारा है,
आसन तेरा हत्यारा है,
चिता पुत्रों की तुम सजा लो,
अर्धनग्न मैं तुम मजा लो।।

हत्यारे भीष्म और द्रोण,
कुल में तेरे बचेगा कौन,
सुनी रह जाएगी दीवारें,
सुनना ही होगा चीत्कारें,
हाँ, प्राप्त अधिकार होगा,
नव प्रातः आगाज होगा।।

हे द्रौपदी चिल्लाना छोड़ो,
व्यर्थ आँसू बहाना छोड़ो,
राजा स्वार्थ में अंधा है,
भीष्म वचनों से बँधा है,
सबके अपने ही लफड़े हैं,
सबके कई कई नखरे हैं।।

सूर्य ग्रहण से कितना बचे,
अँधेरा खुलकर नग्न नचे,
अब स्वाभिमान है शेष नहीं,
ज्ञान रहा अवशेष ना ही,
किसे बताती किसे जताती,
बोलो तुम किसे समझाती।।

सोनू कुमार मिश्रा

भीष्म उठे मुँह को खोले,
क्रोध से तिलमिला कर बोले,
हे महाराज तुम हो पापी,
बना दिया सबको अपराधी,
अपराध देखते रहे मौन,
बोलो कुछ तो कर्ण या द्रोण।।

जी करता कि मैं सजा दूँ,
किंतु वचनों से बँधा हूँ,
लेता नहीं तो जिह्वा खींच,
सुनो बलवान और सब ढीठ,
महा विनाश कर जाऊँगा,
या फिर आज मर जाऊँगा।।

सुनो कोई तो युक्ति सोचो,
दाग से तुम तो मुक्ति सोचो,
वरना प्रतिज्ञा जाए टूट,
पितृ ऋण जाए मुझसे रूठ,
बोले नृप पुत्री हो शांत,
देता तुम्हें तीन वरदान।।

राजपाट सब मैं लौटाता,
अपराधी को अद्य है भाता,
हे पुत्री तुम हो ना क्रोधित,
काल के आगे बना दोषी,
बोलो भीम या कहो पार्थ,
किया जाए कौन सा कार्य।।

अभिमन्यु

कहने लगते चारों भ्राता,
टूट गयी सारी मर्यादा,
अन्याय ने सीमा लाँघा,
न्याय पथ में कई है बाधा,
हारा कहीं दाँव लगाये,
कैसा चौसड़ नियम बनाये।

हे तात जब युधिष्ठिर हारा,
पास था ना कोई सहारा,
कहो कैसे बाजी लगाये,
द्रौपदी को क्यों दुख भाये,
लूँ प्रतिज्ञा भीम बोला,
शोणित राजभवन में खोला।।

दुर्योधन की जँघा तोड़ू,
कौरव विनाश मैं ना छोड़ू,
होना होगा जो जब होगा,
काल चक्र अनुकूल तब होगा,
लेकिन द्रौपदी वर माँगो,
शांत हो और क्रोध त्यागो।।

द्रौपदी माँगती वरदान,
दासत्व मुक्ति दे महाराज,
शकुनी चले फिर कोई चाल,
मग में अड़ंगा देता डाल,
चौसड़ का हो जाए क्रीड़ा,
झेल ले वनवास की पीड़ा।।

फिर से होगा वहाँ चौसड़,
बाजी मारे फिर से चौसठ,
हे युधिष्ठिर रुक भी जाओ,
दिवस नहीं है झुक भी जाओ,
याद नहीं की तुम हारे हो,
सुना है कि आप न्यारे हो।।

जुए ने कुकृत्य फैलाया,
फरेब में तुम्हें फँसाया,
हार गये थे भ्राता चार,
पत्नी झेल चुँकि दुराचार,
राज-पाट जो मिला दुबारा,
मिल गया जो तुम्हें सहारा।।

वक्त उचित ना ललकार सुनो,
राह उचित ना धिक्कार सुनो,
किंतु सच को क्यों सुनेगा वह,
राह गलत नहीं चुनेगा वह,
चला गया फिर चौसड़ दाँव,
धर्मराज गये फिर से हारा।।

पराजय हुई तो प्राश्चित,
वनवास पांडव की निश्चित,
मगर तय नियम हुआ है खास,
पाँचों जाते हैं वनवास,
देखो-देखो जुए का दंश,
राजा भी बन गया रंक।।

अभिमन्यु

लेकिन बारह वर्ष वनवास,
और एक वर्ष रहो अज्ञात,
भेद कोई खुल नहीं पाये,
वरना नियम फिर दोहराये,
वस्त्र बदल बनके सन्यासी,
राजा नहीं बना वनवासी।।

रवि को नक्षत्रों ने घेरा,
छा जाए ना फिर अँधेरा,
बालक है जो भू पर आया,
पिता का प्यार ना वह पाया,
कैसे बीतेगा बल्यकाल,
पिता चाचा झेले वनवास।।

अभिमन्यु हुआ दंतुरित नहीं,
बीज ठीक से अंकुरित नहीं,
पिता से हो जाए वह दूर,
करे क्या पार्थ, है मजबूर,
होगी कैसी शिशु की शिक्षा,
किससे पायेगा वह दिक्षा।।

प्रश्न ऐसे कई उलझाते,
चैन हृदय की सदा उड़ाते,
कर क्या सकता सोचा जाए,
संकट कितना रोका जाए,
पार्थ कहे सुन लो सुभद्रा,
मेरे समक्ष अति है विपदा।।

पर तुम्हें यह करना होगा
नैहर में ही रहना होगा
सुनो प्रिय तुम जाना द्वारिका
पुत्र लेगा वहीं पर शिक्षा
बनाना इसका पवि सा देह
देना माता-पिता का स्नेह।।

बनाना इसे अधिक मजबूत,
पिता भाँति हो ना मजबूर,
सुभद्रा काम भले बड़ा है,
लेकिन कुल का नींव खड़ा है,
स्मरण यह तुम्हें रहे सदैव,
तुम्ही माँ, तुम्ही पितृदेव।।

केशव को ही गुरु बनाना,
चाह मेरी उन्हें बताना,
पुत्र सीखें दक्षता रण के,
निकले विषम दशा से छन के,
मुझे अब कहीं जाना होगा,
वनवास पल बिताना होगा।।

सलाह मान लेती सुभद्रा,
पुत्र सङ्ग चली द्वारिका,
केशव को वृत्तांत बताती,
इच्छा अपनी वह जताती,
हे भ्राता, तुम ही गुरु बनो,
पुत्र की दीक्षा शुरू करो।।

पांडव झेल रहे वनवास,
अभिमन्यु पले कृष्ण के पास,
बालक है यह बड़ा सलौना,
खड्ग-ढाल है खेल खिलौना,
बचपन में ही दिखे यह वीर,
खेलता खेल कई गम्भीर।।

मित्र के संग करें अभ्यास,
अकेले कर देता परास्त,
सहे वह तो चौतरफा वार,
अति तेज है उसका तलवार,
छोटे-मोटे व्यूह रचाना,
सीखा है वह तीर चलाना।।

विद्या हो ना गुण गाने से,
वरदे कृपा धुन बजाने से,
पाना है शिक्षा करो त्याग,
पल भर भी तुम हो ना व्याघ्र,
करना होता ऊँचा नाम,
कड़ी तपस्या नहीं विश्राम।।

बड़ी कठिन है शिक्षा पाना,
कड़ी धूप में अम्बुज बहाना,
पग-पग रहे कठिन परीक्षा,
मारी जाती कई ईच्छा,
नींव से ही मकान बुलन्द,
वीरता का रहे ना घमंड।।

सोनू कुमार मिश्रा

अगर बदलना चाहो लकीर,
सुख को त्याग दो बनो फकीर,
व्यर्थ तेरा काम ना होगा,
बैठने से नाम ना होगा,
करना होगा कठिन संघर्ष,
त्याग करो तुम सुख-दुख अमर्ष।।

बचपन दिखाता है तस्वीर,
कैसा होगा भाग्य लकीर,
चढ़ाये चाप की प्रत्यंचा,
भाला चलाने की इच्छा,
कृत्रिम सेना झेलता वार,
शत्रु समझ करता प्रहार।।

लक्ष्य कभी भी छूटे नहीं,
निशाना पक्का चुके ना ही,
मन मे लक्ष्य का हो धारण,
शत्रु समझ सके ना साधारण,
करता रहता अथक श्रम
पाठशाला में अपना कर्म।।

अभ्यासरत रहे सुबह-शाम,
रातों को भी नहीं विश्राम,
मंजिल पाने तक सोना नहीं,
स्वप्नों को अभी खोना नहीं,
पथ में चाहे बाधा हजार,
संयम से निकलना हर बार।।

अभिमन्यु

सीखे भाला गदा प्रहार,
चलाना एक-एक हथियार,
कृष्ण देखे आँखों देखा,
सीखा क्या और क्या है छूटा,
राह पराक्रम रुके नहीं,
परिश्रम कभी भी थके नहीं।।

तोड़े धनु और तोड़े तीर,
मैदान में रहता सदा स्थिर,
कभी युद्ध तो कभी राजनीति,
न्याय धर्म-कर्म और सब नीति,
केशव सारे पाठ पढ़ाते,
जीव सत्य का बोध कराते।।

बालक सारे कौशल सीखे,
लेकिन कड़ी कभी ना छूटे,
पिता बन बीतता रहा बचपन,
स्नेह मामा जब मिले हरक्षण,
सुभद्रा हो रही है अधीर,
बिखड़े नहीं मार्ग में वीरा।।

शक्ति जाए अश्रु छाने से,
शौर्य भागे भ्रम आने से,
गप्पी सब काम नहीं आता,
मिथ्या ही वह वक्त बिताता,
मृदुल वचन लगती है माहुर,
शोणित हरपल रण को आतुर।।

करना शेष अभी कई काम,
वंश का ऊँचा करना नाम,
नाम कमाना है सरल नहीं,
अथक श्रम कोई गरल नहीं,
जीतता वह जो है जागता,
जो सोता है वह पछताता।।

पल गुजरा लौट नहीं आता,
वीर निज पराक्रम दिखाता,
हृदय में वास कर जाए डर,
उससे अच्छा जाना है मर,
सफलता एक दिन है आती,
नित्य अभ्यास मंजिल पाती।।

वीरों को वीरता दिखाना,
दिवाकर को प्रकाश दिखाना,
सूर्य को उगना सीखाना,
पृथ्वी भ्रमण रहस्य बताना,
मुश्किल है ये सारे कार्य,
पर वीरों को है स्वीकार्य।।

घेर सकता है मेघ कोई,
छिपती कभी क्या तेज कोई,
मर जाता वह जो डरता है,
मनुष्य जीवन से लड़ता है,
जैसे सूरज निकलता रोज,
वैसे छिपता नहीं है ओज।

बालक में रहे कितना तेज,
समय बतायेगा वह सभी शेष,
सुत पार्थ का हो तेजस्वी,
वीर गम्भीर आ ओजस्वी,
जग में आये नया सवेरा,
दूर होगा जग का अँधेरा।।

अधर्म का होगा सर्वनाश,
प्रपंच कपट का महाविनाश,
भले हुआ है आज दिन अस्त,
मगर वीरता नहीं परास्त,
अरे, बालक तुम रुको नहीं,
चलना है दूर तुम थको नहीं।।

है वीर वही जो टकराता,
आँधियों से ना घबराता,
तुझे जंग में टिकना होगा,
स्थिर गम्भीर रुकना होगा,
कार्य विशेष करना होगा,
समर शेष तो लड़ना होगा।।

पांडव काट रहे वनवास,
वन में व्यतीत हो दिन-रात,
बीत चुके हैं वसन्त बारह,
दिवस लौटे ना यह दुबारा,
जाने कैसे है वनवासी,
कितने दुख सहते आदिवासी।।

वन में रहना कितना विशेष,
घास की झोपड़ी भवन शेष,
समझो कैसा होता प्रवास,
पीड़ कितना सहते है दास,
कंद मूल और क्या आहार,
शांत चित्त और सरल व्यवहार।।

ना ईर्ष्या भय ना ही लालच,
ना झूठ सत्य के वे वाहक,
पीड़ा पल-पल सहते कैसे,
अंधेरे में रहते कैसे,
कटु जीवन पर कोमल है तन,
उसके लिए तो महल है वन।।

बनना है तुम्हें नृप महान,
पीड़ा रंक की तू पहचान,
सबका हो बराबर सम्मान,
तभी राजा होता विद्वान,
सुखी सम्पन्न होगा स्वराज,
स्थापित होगा धर्म का राज।।

बारह वसंत भी बीत चुके,
वनों में पांडव रीत चुके,
व्यतीत करना वर्ष अज्ञात,
छिपाकर रखना सब पहचान,
कौन हो कोई नहीं जाने,
पांडवों को ना पहचाने।।

अभिमन्यु

केशव आकर हैं समझाते,
भावी योजना वे बताते,
बदलना होगा सबको नाम,
करना होगा दास का काम,
तय हो कोई नया सम्बन्ध,
नवोदय संग कई अनुबंध।।

प्रदेश चुनो जो देगा साथ,
तय जंग का हो आगाज,
पाण्डव संयम रखना ढेर,
समझना कभी नहीं अंधेर,
तय है कि कोई शोध होगा,
हाँ, तय है प्रतिशोध होगा।।

पूछे पार्थ, कृष्ण बताना,
सुत का तुम सन्देश सुनाना,
कैसा रहा उसका सूनापन,
कैसा बीता उसका बचपन,
पिता है जो प्रिय सुत से दूर,
निज कर्मों से हूँ मजबूर।।

पिता दूर झेलते वनवास,
लेकिन सुत है गुरु के पास,
होगा वह यौद्धा अति वीर,
मैदान में रहेगा वह स्थिर,
रणकौशल सब सीख चुका है,
गाथा कई वह लिख चुका है।।

शेष विद्या सीखा रहा हूँ,
पथ सफलता दिखा रहा हूँ,
माँ का स्नेह पिता का पुण्य,
वीर स्थिर बना रहे अभिमन्यु,
हँसना-खेलना   नटखटपन,
बीत गया है उसका बचपन।।

अभिमन्यु

05. अभिमन्यु विवाह

राजा झेले अगर अज्ञात,
समझते कैसे रहते दास,
वे प्रसाद पीड़ क्या जानें,
नर नयन की नीर क्या जानें,
अधिपति होने दे भान नहीं,
भूपति को सच ज्ञान ना ही।।

कृत्य नेक तो ही जग जाने,
वरना परिचय पड़े छिपाने,
गान यशो का गाया जाता,
अपयशों को छिपाया जाता,
अँधेरा फैल रहा जंगल,
गीत गुंजित होता अमंगल।।

सत्ता जब-जब इतराता है,
जीवन वह नरक बनाता है,
खेलता है, खेल लाशों का,
प्रबन्ध करता है नशों का,
आसन प्यारा सच ना जानें,
जन को देना हक ना जानें।।

शासक वही है महान बना,
मार्ग जो ना आसान चुना,
कदम-कदम पर काँटे रहे,
सर पर यदि अंगारे बरसे,
जीवन कष्टों से जब गुजरे,
पीड़ परायी तब वह समझे।।

समय अनुकूल बताना होगा,
पल प्रतिकूल छिपाना होगा,
कैसे कह दे, हम थे नृप,
नेक नहीं है, हमारे कृत्य,
काट चुके हैं पूरा वनवास,
तय हुआ कि बनना है दास।।

दुर्योधन हो इसी सोच में,
निकले वह हमारी खोज में,
बदल लो सब अब अपना रूप,
निर्धन निर्बल-सा हो स्वरूप,
चलो, चले हम किसी नगर में,
किसी भी गाँव या शहर में।।

स्मरण रहे कोई जाने ना,
कौन है, हम पहचाने ना,
बदल लेना सब अपना नाम,
त्याग दो अस्त्र-शस्त्र काम,
जुए में हारा, मैं जुआरी,
धनन्जय बने अर्द्ध नारी।।

भीम तुम ना ही बल दिखाना,
जाकर तुम भी पाक पकाना,
नकुल सहदेव तुम दास बनों,
द्रौपदी दासी वेश बदलो,
एक-एक कर कह रहे काम,
समझाते सबको धर्मराज।।

कर्म ऐसा छिप जाए नाम,
राज-काज और निज पहचान,
कृत्य अपनी सब जान ही लो,
सत्य को अब तो मान ही लो,
समय देखे ना राजा-रंक,
राजमुकुटों पर मढ़ा कलंक।।

रानी बनती है दासी,
विष सदैव पी लेती नारी,
वेला है यह अति प्रलयंकर,
अज्ञात कहाँ रहे किंकर,
कहीं कोई पहचान ना ले,
पांडव है सच जान ना ले।।

नया सवेरा यदि लाना हो,
अँधेरा दूर भगाना हो,
करना होगा नया अनुबंध,
वर्ष बिताने का हो प्रबन्ध,
बोलो कल किसने देखा है,
होना क्या है जो सोचा है।।

है भारत भू पर एक राज्य,
मत्स्य प्रदेश राजा विराट,
मिलता उन्हें वही सहारा,
पाँचों दीन है बेचारा,
धर्मराज का दरबारी जो,
राजन मैं वह जुआरी हूँ।।

मनोरंजन करूँ भोर शाम,
चौसड़ खेलना मेरा काम,
लेकिन बनके भटकता पंक,
नाम मेरा राजन है कंक,
रूप बदल आता है पार्थ,
करेगा वह कौन सा कार्य।।

कहे संगीत अधिकारी थी,
नाच गानों की पुजारी थी,
महाराज घूम रही बेकार,
दीन-हीन और हो लाचार,
दे दो मुझे भी कोई काज,
मंगल धुन सदा गाये राज।।

देखो, भीम बना रसोइया,
नकुल-सहदेव पशु रखवैया,
दंड कभी ना ही वासी हो,
कोई दास और दासी हो,
सेवा भाव पांडव कार्य,
वृहन्नला बन जाता पार्थ।।

अभिमन्यु

नरेश तो है वे अति कृपालु,
कार्य देते सबको दयालु,
पार्थ मन मे करता विचार,
राज्य नव सम्बन्ध आधार,
आशय नेक ही सोचा जाए,
आशा कितनी रोकी जाए।।

राजभवन में करें अभ्यास,
उत्तम कल का होता प्रयास,
घुट अवज्ञा का वे पीते थे,
किंकर का जीवन जीते थे,
अनादर कभी रोने ना दे,
चैन से कहीं सोने भी दे।।

उन्नत सुविज्ञ भट और वीर,
अवसर विरुद्ध सहते पीड़,
व्यथा चाकर की नहीं जाने,
यातना वे भी कैसे मानें,
अपराध बोधित है जो कृत्य,
बना देता है नृप को भृत्य।।

सुनना पड़ता सदा फटकार,
राजा का कटु डाँट-डबार,
नियति के सामने थे हारे,
विसंगति हर क्षण ललकारे
कभी मिलता है स्नेह-दुलार,
कभी करना पड़ता सत्कार।।

सोनू कुमार मिश्रा

देखो, युधिष्ठिर यतन कैसा
दासत्व का है तपन कैसा
बन ही जाओगे फिर राजा
लेकिन दिवस बिसर ना जाना
स्मरण रखना यह पल प्रत्येक
सम्मान दास का हो सदैव।।

युवरानी लग रही अप्सरा,
सुंदर अति बाला है उतरा,
शूरता की वह कथा सुनती,
वीरों पर ही प्रश्न पूछती,
भारत भू पर कितने कुमार,
है किसमें पराक्रम अपार।।

अर्जुन कहे अभिमन्यु गाथा,
बालक जिसने लक्ष्य साधा,
आचार्य कृष्ण का वह शिष्य,
भारत भू का है वह भविष्य,
नृत्य-संगीत रण की पटुता,
आ गयी है उसमें दक्षता।।

है अक्षत चंदन तिलक भाल,
सुभद्रा पुत्र धरा का लाल,
कथा उसके कितना सुनाऊँ,
वीर कैसा कितना बताऊँ,
प्रशंसा के बाँधते शब्द,
उतरा सुनती होकर निःशब्द।।

अभिमन्यु

जागृत होने लगता प्रेम,
जागृत प्रियतम सम हो स्नेह,
अंतर्मन में अभिमन्यु वास,
रक्त के कण-कण प्रेम प्रवाह,
नृत्य संगीत का करें अभ्यास,
नये सम्बन्धों का नव प्रयास।।

व्यतीत हो रहे दिवस ऐसे,
पीड़ा पल-पल जागे जैसे,
धीरज बीतेगा वर्ष एक,
जैसे गुजरा वर्ष प्रत्येक,
राजा पीड़ा सहे दास का,
पात्र बन चुका उपहास का।।

द्रौपदी के खुले हुए केश,
देते आपदा का संदेश,
अपमानित पल ना भूल रहे,
हर पल तन में है शूल चुभे,
भीम की है कठिन प्रतिज्ञा,
कौरव कुल नाश की इच्छा।।

जाने कहाँ लाता तकदीर,
दिखता रहे कैसी तस्वीर,
पांडव है यौद्धा पाँच,
कैसे संकट रहे है टाल,
बल शक्ति के जो सिरमौर,
पाक पकाते संध्या भोर।।

क्षण-क्षण घाव उमड़ता है,
रक्त वीरों का उबलता है,
निज नाम काम से रहे दूर,
समय के आगे हो मजबूर,
पीड़ा सारे वे सहते हैं,
लेकिन कुछ ना ही कहते हैं।।

सोना जितना तपे आग में,
सुंदर उतना लगे गात में,
अमस जितना एतरता है,
कुरूप उतना बन जाता है,
तपों-तपों तुम ताप में तपों,
जलो-जलो तुम आग में जलो।।

समझो वही राज्य है उत्तम,
राजा श्रमिक झेलते तपन,
वह नृप महान जो घाव सहे,
जन का सदैव वह भाव जने,
नृप के चारों ओर चाटुकार,
मिथ्या करेंगे जय जयकार।।

सत्य का भान होने ना दे,
स्वयं का स्थान खोने ना दे,
कर देता राजा को अंधा,
आसन करे गूँगा बहरा,
प्रजा का स्थान सदा हो प्रथम,
राज्य तब ही होगा उत्तम।।

अभिमन्यु

स्वयं थे जिनके दास अपार,
वही दास बन करें सत्कार,
भारत भू का अनोखा वीर,
अर्द्धनारी बन सहे पीड़,
हे राजन आँखों से देखो,
व्यथा राज्य की पहले सोचे।।

लिखी जा रही नयी कहानी,
शोध भाव लिए ग्रसित रानी,
घटना पल-पल जो घटता है,
गाथा कोई वह गढ़ता है,
व्यतीत होने को शेष दिवस,
टूटे अज्ञात आये हर्ष।।

दिवस फिर एक ऐसा आता,
कौरव हमला करने आता,
कुरु कटक का हो आक्रमण,
प्राण त्याग या शेष समर्पण,
राजा महलों से दूर खड़े,
कहो शत्रुओं से कौन लड़े।।

अर्जुन देने लगे उपदेश,
युद्ध लड़ो हे भावी नरेश,
जंग अधिकार तुम्हारा है,
राज्य प्राणों से प्यारा है,
शौर्य शत्रु से नहीं डरते,
कायर ही युद्ध नहीं लड़ते।।

संकट घना थामो हथियार,
शत्रु सेना पर करो प्रहार,
कुमार तो है छोटा बालक,
शत्रु शक्तिशाली अति घातक,
कैसे वह फिर युद्ध लड़ेगा,
सेना के विरुद्ध लड़ेगा।।

कहते पार्थ सुनो युवराज,
सम्भालना है तुम्हें काज,
बारिश बिन मेघ गड़गड़ाये,
मेढ़क रोये या टर्राये,
लहरों को बूँदों की परवाह नहीं,
सुखी धारा को आह नहीं।।

बीत जाए मौसम बसात के,
देख ले जुरत तूफान के,
भय से नौका पार नहीं होती,
बिनु त्याग जयकार नहीं होती,
छोटी बातों को भूल चलो,
काँटों पर तुम खूब चलो।।

हे युवराज तुम रथ सजा लो,
सारथी भले मुझे बना लो,
अति क्रोधित हो जाते कुमार,
चले अकेले करने प्रहार,
लेकिन सामने शक्ति सेना,
मृत्यु से अच्छा भाग लेना।।

अभिमन्यु

समर भूमि में कई यौद्धा,
युग पुरूष और युग पुरोधा,
देख कुमार होते भयभीत,
भागने लगते दिखाकर पीठ,
पार्थ कहे सुनो हे कुमार,
जग करें ना तुम पर धिक्कार।।

सुनो तुम ही शंखनाद करोकरो,
शत्रु से रण का आगाज करो,
वीर पीठ दिखा नहीं सकता,
सर अपना झुका नहीं सकता,
ना तो रथ ले चलो शमशान,
जाओ उतार लाओ सामान।।

द्वार पर शत्रु रहा ललकार,
चलो युद्ध कर लेते कुमार,
रण की ललकार सुनता वीर,
कैसे छिपाता धनु आ तीर,
अर्जुन खुद को क्यों सम्भाले,
कैसे ना गांडीव उठा ले।।

उठा लाया उत्तर हथियार,
फिर सारथी बना है कुमार,
अर्जुन करता जब शंखनाद,
कुरु कटक में हलचल अपार,
दुर्योधन हर्षित हो बोला,
भेद अज्ञात मैंने खोला।।

विराट द्वंद में भेद खुला,
अज्ञात वास ना शेष रहा,
अपनी धुन और अपनी राग,
गलत सही सबके गुणा-भाग,
कहे भीष्म समय पूर्ण है,
रतिभर ना क्षण अपूर्ण है।।

मूच्छित कर अर्जुन छोड़ा,
भेद गुप्त सब जमकर खोला,
पांडव कौन जाने कुमार,
द्रौपदी और पांडव चार,
राजमहल के जो अभ्यागत,
दास बने है वे शरणागत।।

महल में पधारे जब कुमार,
मंगल गीत होती जयकार,
कहो वत्स कुरु को हराया,
बाण तनय कौन सा चलाया,
अचेत कर दिया भीष्म द्रोण,
मेरे पुत्र सा दूजा कौन।।

उत्तर प्रकट करते वृतांत,
रुको प्रकट हो ना वर्तान्त,
वेला शेष भेद ना खोले,
जानते सच अभी ना बोले
कहते एक देवदूत आया,
राज्य सेना मुझे बचाया।।

अभिमन्यु

दिवस बीत रहे जैसे साल,
कितना कठिन है होना दास,
राजा प्रातः सभा पधारे,
देख दास को वे दुत्कारे,
किया राजसी वस्त्र धारण,
अपराध नहीं यह साधारण।।

कहे भीम नकुल और पार्थ,
समझते हैं जिसे आप दास,
परिचय जान होगा अचम्भा,
अपने शब्दों पर हो लज्जा,
अहो महाराज हम नहीं दास,
भाग्य बनाता सदैव हास।।

है वीर जो रहे रण में स्थिर,
कुंती सुत ये राजा युधिष्ठिर,
संग में भीम नकुल सहदेव,
पार्थ नृतक बना था सदैह,
महारानी की नौकरानी,
द्रौपद सुता वह पंचाली।।

महाराज को सत्य भान हुआ,
अपराध बोध अपमान किया,
हे युधिष्ठिर आसन बिराजे,
कृपा दृष्टि मत्स्य पर राखे,
भूल हुई कई-कई हमसे,
क्षमा उपेक्षा की तुमसे।।

सोनू कुमार मिश्रा

कहे युधिष्ठिर हे महाराज,
आसन नहीं मेरा अधिकार,
अज्ञात हो करना था वास,
बने रहे हम तभी तो दास,
था मेरे कर्मों का लेखा,
सम्बन्धों का तय हो रेखा।

महाराज उचित्त करें विचार,
आदर दास का है अधिकार,
बोल उठे नरेश विराट के,
भागी नहीं बनू पाप के,
विनती निवेदन हो स्वीकार,
भेंट कर रहा एक उपहार।।

राज्य की संपति धन दुलार,
तनया तुम को दूँदूँ उपहार,
हे पांडव मना मत करना,
हमसे आप खफा मत रहना,
स्वीकारना होगा उपहार,
मेरे राज पर हो उपकार।।

कहे अर्जुन यह नहीं बोले,
शिष्य गुरु अनर्थ ना घोले,
पुत्री समान है युवरानी,
सुता जैसे स्नेह की भागी,
शिष्या से ही ब्याह रचाना,
कलंकित दाग जग ने माना।।

अभिमन्यु

लेकिन मेरी है शर्त एक,
तभी स्वीकार करता भेंट,
कहते महाराज वीर कहो,
करना क्या है गम्भीर कहो,
कुछ ऐसा कर जाओ प्रबन्ध,
मेरा तुमसे रहे सम्बन्ध।।

मेरा पुत्र केशव का शिष्य,
भारत भू का है वह भविष्य,
अभिमन्यु से विवाह रचाये,
नये सम्बंध सबको भाये,
पुत्र वधु रुप करूँ स्वीकार,
कहे आज्ञा दो महाराज।।

कृष्ण सुभद्रा को समझाते,
अभिमन्यु ब्याह याद कराते,
कहते भगिनी हो तैयारी,
पुत्र ब्याह का है अधिकारी,
सुंदर तुम वस्त्र मँगा लो,
गहनों से तुम थाल सजा लो।।

कहे सुभद्रा सुन लो भ्राता,
ब्याह तभी पार्थ आ जाता,
बिन पिता कैसे होगी शादी,
मुझे नहीं है यह आजादी,
केशव कहे रखो तैयारी,
करनी पड़े व्यवस्था सारी,

क्या होगा यह कैसे जाने,
सलाह उचित्त सुभद्रा मानें,
बलराम आकर दे सन्देश,
विराट नामक है एक देश,
सम्बन्ध का आया प्रस्ताव,
लौट पांडव आ रहे आज।।

नये सम्बन्धों का आगाज,
खुशी पांडव घर आया आज,
अभिमन्यु का जो हुआ परिणय,
नये प्रातः का लाये उदय,
दोनों ऐसा ही काम करें,
जग का फिर से उत्थान करें।।

उत्सव में मग्न है द्वारिका,
वर्षों से थी यही प्रतीक्षा,
दो वंश का एक हो जाना,
जैसे दीप का लौ जलाना,
विनोद से हर कण है हर्षित,
नव चेतन से जग अलंकृत।।

विवाह होता विधि विधान से,
पूर्वजो के प्रावधान से,
हर्षित जन हर्षित रहे देव,
आनंदित रहे जीवन सदैव,
अखंड सुहाग हो उतरा का,
कण हर्षित रहे द्वारिका का।।

अभिमन्यु

सूरज चमके चंदा चमके
चमक रहे है सारे तारे
पीड़ा के बाद आता हर्ष
भूल चलो तुम सारे अमर्ष
कुछ दिन आनंद मना लो तुम
उत्सव का अभी मजा लो तुम

पार्थ के घर खुशियाँ छाया,
दिवस वर्षों बाद है आया,
क्या पुत्र के प्रणय में पार्थ,
भूल चुका है अपना कार्य,
भूल गया है समर शेष है,
पाना लक्ष्य अति विशेष है।।

नहीं-नहीं वे भूले कैसे,
हर्ष से अभी फुले कैसे,
शूल हृदय में जो चुभता है,
क्रोध शांत नहीं रहता है,
बस तनिक सा यह ठहराव है,
समझो नहीं की बिखराव है।।

अपमानों का विष ज्यादा रहे,
कर में जैसे हलाहल रहे,
उपेक्षित नर सोता कैसे,
कायर भाँति रोता कैसे,
शांत नहीं हुई है ज्वाला,
धधक रही अब तक अंगारा।।

पवन शांत रहे तो चेतो,
होना क्या है यह तो सोचो,
रहना चौकना और सचेत,
शांत वायु आँधी संकेत,
आँधी फिर से आने वाली,
हलचल वेग मचाने वाली।।

सचेत उठे कोई तूफान,
लहरे कबतक रहती शांत,
आ रही है सुनामी कोई,
वायु बहती तूफानी कोई,
लेकिन अभी उत्सव मनाओ,
सोच विचार ना पल गँवाओ।।

नव सम्बन्ध और नव संकल्प,
खोल देता है कई विकल्प,
पांडव कुरु का हो मिलाप,
शेष रहेगा सारे विलाप,
समय खेलेगा फिर से खेल,
या कुल का करा देगा मेल।।

सारी बातें अभी गर्त में,
ग्रीष्म बरसात या सर्द में,
समय उचित्त है हर्ष मनाओ,
झूमो, नाचो तुम भी गाओ,
अभिमन्यु का होता है प्रणय,
भूल जाओ सब अभी विस्मय।।

अभिमन्यु

दोनों को सब मिल दो आशीष,
उज्ज्वल रहे उत्तम भविष्य,
चिंतन मनन हो प्रबन्धों का,
जोड़ अटूट रहे बंधों का,
चेतना मन की हो ना शून्य,
हर्षित सदैव रहे अभिमन्यु।।

06. युद्ध का आगाज

रवि प्रकाश में हो अँधेरा,
तो खुलकर फिर सवाल होगा,
विधु अन्याय पर उतरे अगर,
तो खुलकर फिर बवाल होगा,
फैसला समय पर तय ना हो,
तय जंग का आगाज होगा।।

धैर्य की भी मर्यादा है,
तय दोहन की भी सीमा है,
लाँघ दे संयम मर्यादा,
शोषण उत्पन्न करें बाधा,
तब फिर से सम्भलना होगा,
स्वत्व के लिए लड़ना होगा।।

सह चुके अपमान वे अपना,
कैसे भूले मानें सपना,
मगर समय अभी भी शेष है,
बिगड़ा कुछ नहीं अवशेष है,
राजा कर देता अगर न्याय,
दामन छोड़े अगर अन्याय।।

उत्कर्ष होगा चारों ओर,
दसो दिक फिर आ जाये भोर,
संग्राम होता उचित नहीं,
अधिकार पाना अनुचित नहीं,
तय है कि सबको मरना है,
फिर किससे बोलो डरना है॥

जीवन की नदी कल-कल बहे,
शोणित वीरों की न रुके,
टाल सको युद्ध आगाज,
प्रथम शांति का दो प्रस्ताव,
रण हो सबसे अंतिम विकल्प,
स्मरण की टूटे ना संकल्प॥

पराजय से ना भयभीत हो,
विश्वास ही तेरा मीत हो,
जय की तू कोई प्रबन्ध कर,
तय तू अभी कोई बन्ध कर,
सम्भाल ले तू अब क्रोध को,
दफन मत कर अपने रोष को॥

रुक जा जरा ठहर जा अभी,
दोषी कोई कहे ना कभी,
अमर्ष को संभाला जाए,
रण को कितना टाला जाए,
भारत के वीर करो विचार,
पहले विनती मिले अधिकार॥

प्रभुत्व पाने में बाधा हो,
न्याय मिले राज्य आधा हो,
मिल चुके हैं जब दण्ड सारे,
खुल चुके हैं जब भेद सारे,
समय पर ही उचित सवाल हो,
शोषण का कोई हिसाब हो।।

कालकूट भी जीने ना दे,
जाम गरल का पीने ना दे,
समर के हैं प्रत्येक नायक,
भावी कुल के हे अधिनायक,
उठो जागो स्वयं को जानों,
कौन हो तुम यह पहचानों।।

पांडव बैठे करें विचार,
कैसे पायें उचित अधिकार,
पूरा कर चुके शर्त प्रत्येक,
भूपाल का आदेश अनेक,
हस्तिनापुर भेजो सन्देश,
राजकाज का मिले आदेश।।

होना होता है अगर नाश,
बुद्धि का होता सत्यानाश,
अवनीपति का सजा दरबार,
पांडव माँगते अधिकार,
अहो तात नहीं हो अन्याय,
वेला उचित करो आप न्याय।।

पुरा राज्य का वादा हो,
न्याय पथ पर नहीं बाधा हो,
लौटा दो तुम इंद्रप्रस्थ,
आप बनो ना मौकापरस्त,
राजा लगता है अंधा हो,
सिंहासन जैसे बहरा हो।।

दुर्योधन विघ्न देता डाल,
प्रस्ताव पर रख देता जाल,
कहो पांडव से वन जाए,
तेरह वर्ष फिर दोहराये,
टूट गया था वर्ष अज्ञात ,
भेद खुला था राज्य विराटा।।

कहे भीष्म सुन लो युवराज,
पांडव काट चुके हैं काल,
दे दो उनका आप अधिकार,
आदेश दो सम्भाले राज,
मत समान है कृपा द्रोण का,
मगर मंशा क्या नृप मौन का।।

कहे धृतराष्ट्र मिले समय,
ले सकता तभी उचित निर्णय,
कहे ज्ञानी पूरा था काल,
कुछ कहते शेष था अज्ञात,
जाओ दूत पुत्रों से कहना,
थोड़ा तो धैर्य से रहना।।

दूत सुनाते उन्हें सन्देश,
पाना शेष है अपना देश,
समय माँग रहे महाराज,
कहते करेंगे सोच विचार,
हो तैयारी केशव कहते,
उचित नहीं हाथों को मलते।।

हे धर्मराज ध्वज सम्भालों,
उठो आप निद्रा से जागों,
लड़ना होगा स्वयं विरुद्ध,
तय हो रहा कि होगा युद्ध,
जंग बड़ी विध्वंसक होगी,
अशांत और हिंसक होगी।।

संहारे जाए वीर कई,
घायल होंगे धीर कई,
अच्छा नहीं है चुप्प रहना,
नरेश का यूँ गुम रहना,
बुला लो तुम मित्र सम्बन्धी,
कुमार वीर या फिर शिखंडी।।

तेज धार तुम तलवार करो,
चुनौती जंग स्वीकार करो,
प्रयास यही की हो ना युद्ध,
धर्म हो अधर्म के विरुद्ध,
धर्म ध्वजा को लहराना है,
कीर्ति अपना फहराना है।।

अभिमन्यु

रहना होगा सतर्क तुम्हें,
देना है उचित तर्क तुम्हें,
बैठ संध्या बने योजना,
थाल को है कैसे सजाना,
द्रौपदी के खुले हुए केश,
अपमानित करें भारत देश।।

हो रही जंग की तैयारी,
गठित हो रही सेना सारी,
युधिष्ठिर भेजे फिर पैगाम ,
क्या हुआ महाराज परिणाम,
दुर्योध शक्ति है दिखलाता,
भुजा अपनी वह फड़काता।।

कहे पांडवों का प्रस्ताव,
है नहीं हमें तनिक स्वीकार,
पांडवों को देता चुनौति,
रण में आकर कसे कसौटी,
जाओ दूत तुम जाकर कहना,
युद्ध लड़ना वीर का गहना।।

जमीर है तो करें आगाज,
या समर्पण कर दे अविराम,
समर्पण करें प्राण बचेगा,
कोई भी ना शेष रहेगा,
विदुर हर बार हैं समझाते,
युद्ध उचित नहीं है बताते।।

हो जंग तो घातक परिणाम,
लेने वाला बचे ना नाम,
धृतराष्ट्र चुप-चाप बैठे,
पाकर सिंहासन वे ऐंठे,
सुत की बातें मानें राजा,
सच को ठोकर मारे राजा।।

कहे राजा की सीमा धरों,
पुत्र तुम ना ही उदण्ड बनो,
होता है जो वह होने दो,
धैर्य को ना ही खोने दो,
कहे कितना करें इंतजार,
आप ही बता दो महाराज।।

संयम की भी हो सीमा तय,
अति संयम भी लाता है भय,
धीरज धारण समय बता दो,
दे या नहीं साफ समझा दो,
शकुनी की है यह प्रतिज्ञा,
कुरुवंश विनाश की लिप्सा।।

मिलाप कैसे वह होने दे,
स्वप्नों को कैसे खोने दे,
जाता है वह नियम विरुद्ध,
चाहता है हो जाए युद्ध,
युद्ध चाहते दुर्योधन कर्ण,
मगर शांति माँगे विकर्ण।।

अभिमन्यु

प्रजा हित होती मौन वहाँ,
जन सेवा पूरी गौण वहाँ,
राजा जो तो अति चातुर था,
लेकिन वह रण को आतुर था,
चाह रहा था हो संग्राम,
शांति नहीं, ना युद्ध विराम।।

प्रस्ताव को टाल देता है,
समय और माँग लेता है,
कहता सुन लो तुम जाओ दुत,
कहना सुन लो सब मेरे सुत,
अभी औरों तुम धीरज धरो,
इतना नहीं तुम अधीर बनो।।

चुनौती युद्ध की दो ही मत,
प्रस्ताव हर बार भेजो मत,
मंत्री मण्डल करें विचार,
क्या उचित है देना अधिकार,
उचित अनुचित कर लूँ ज्ञात,
क्या सच में रहे ना अज्ञात।।

दुत जाकर सब हाल सुनाते,
महलों का वृतांत बताते,
कहते हैं राजा टाल रहा ,
समय वह फिर से माँग रहा,
धीरज की कितनी प्रतीक्षा,
नृप लेगा कितनी परीक्षा।।

अधिकार समय पर नहीं मिले,
जग यौद्धा को कायर कहे,
मिलता नहीं गिड़गिड़ाने से,
कायर के मुँह छिपाने से,
कहे द्रौपदी ना हो विराम,
आप लड़ो या मैं संग्राम॥

कहे धर्मराज धीरज धरो ,
पांचाली खुद तुम संभलो,
कर रहे हैं हम सोच विचार,
छीन कर ले सके अब अधिकार,
अब तय है बस अंतिम विकल्प,
समय उत्तम पूरा संकल्प॥

क्रीड़ा सिंहासन बंद करें,
सारे षड्यंत्र अंत करें,
कभी उचित नहीं है अन्याय,
छीन कर प्राप्त करेंगे न्याय,
जुट जाओ पार्थ, भीम, नकुल,
सहदेव एकत्र करो तुम कुल॥

मैत्री सब होते इकट्ठे,
सेना के बनते है जत्थे,
हाथी घोड़ा या घुड़सवार,
रण को सभी है ही तैयार,
सजने लगा रण का मैदान,
तय धरती होगी लहू लुहान॥

अभिमन्यु

होगा ना महिमा का मंडन,
हरे धरा शोणित से रंजन,
देख लेना तुम भी दिवाकर,
देवता सारे आ सुधाकर,
सागर की लहरें जो उठती,
रण तो टाले ना ही टलती।।

कहे केशव क्रोध सम्भालों,
प्रयास अंतिम कर ही डालो,
भेजो मुझे तुम दुत बनाकर,
वर्तमान या भूत बनाकर,
प्रयास हो रण टाला जाए,
विनाश को संभाला जाए।।

कहे धर्मराज चाहे जैसा,
परिणाम कृष्ण होगा वैसा,
जाकर आप उपाय लगाये,
टले अगर रण टाला जाए,
कृष्ण पहुंचते है दरबार,
होता खूब आदर सत्कार।।

आया हूँ सन्देश लेकर,
दुत, मैं एक आदेश लेकर,
महाराज, जानते है आप,
युद्ध धरा का बड़ा अभिशाप,
धरा शोणित से होगी लाल,
कितने घर को उजाड़े काल।।

सोच से युद्ध टाला जाए,
कुल विनाश संभाला जाए,
दीजिये पांडवों को राज,
या तो दीजिये पाँच ग्राम,
अगर नहीं चाहते हो नाश,
रुक सकता है अभी विनाशा।।

लेकिन मूढ़ दुर्योध बोले,
सोचे समझे बिन मुख खोले,
अहो दुत तुम किसे डराते,
बार-बार हो क्यों उकसाते,
ग्राम क्या एक इंच ना दूँ,
चाहे भले मैं युद्ध लड़ू।।

रण राजा का प्रथम अधिकार,
जो ना लड़े उसपर धिक्कार,
युद्ध होना है हो जाने दो,
प्राण रहे या जाने भी दो,
जाओ पांडवों को कहना,
तय है मेरे हाथों मरना।।

कहे काल वंश नष्ट करूँ,
पांडव कुल का अंत करूँ,
नहीं भय है कि होगा युद्ध,
यौद्धा सारे हो विरुद्ध,
दूत हो तो सन्देश सुनाओ,
सैनिक भाँति मत उकसाओ।।

अभिमन्यु

उपस्थित वहाँ सभी बोले,
मगर राजा मुंह ना खोले,
बोले शकुनी कर्ण युवराज,
मौन रहे केवल महाराज,
पितामह गुरु आ द्रोण कहे,
प्रस्ताव उत्तम विचार करे।।

दुर्योधन सब सीमा लाँघें,
राज सभा मे दूत बाँधे,
तोड़े सारे नीति न्याय धर्म,
आँखों पर बाहुबल का भ्रम,
अहंकार में मग्न युवराज,
कैसे युद्ध टले महाराज।।

दुर्योध क्रोधित दे आदेश,
बांधो मूढ़ सैनिक विशेष,
दुत अपने राज्य जब जाए,
सर झुके ना आंख मिलाए,
दौड़ते हुए सैनिक आते,
कृष्ण को बाँध नहीं पाते।।

बँधे वही जिसकी सीमा हो,
वेग पवन कैसे धीमा हो,
दुत पर उठाता जो हथियार,
अहो राजा तुमपर धिक्कार,
कुमार बना द्रोह का भागी,
क्या सजा पा सके अपराधी।।

कहे राजा हे पुत्र रुको,
अहंकार में तुम ना झुको,
दुत को सभा मे बांधो ना,
सीमा रेखा तुम लांघो ना,
खुले मार्ग हो जाते बन्द,
बजने लगता युद्ध का शंख।।

कहे कृष्ण तुम ललकार सुनो,
दुत का राजन दुत्कार सुनो,
तेरी चुप्पी कराए नाश,
होना तय है तेरा विनाश,
आप भी हो पाप के भागी,
भावी कल के तुम अपराधी।।

पितामह गुरु आ कृपा द्रोण,
बैठे तो थे कर्ण भी मौन,
साहस नहीं बोल देते,
पीड़ा हृदय की खोल लेते,
आने वाला पल प्रलयंकर,
विनाश मनुज होगा भयंकर।।

राजा चाहता टलता युद्ध,
लेकिन था न्याय के विरुद्ध,
वैभव राज्य का मिटना तय,
वँशो का है सिमटना तय,
उचित था दे देते अधिकार,
राज्य नहीं तो पाँच ग्राम।।

अभिमन्यु

अगर लड़ाई शासन की हो,
संग्राम सिंहासन की हो,
लड़ते है जब दो-दो राजा,
जन हित मे आती है बाधा,
नर कल्याण को सोचे कौन,
अद्य कांधे पर बोझे कौन।।

विनाश प्रदेश पर छाता है,
नृप का विवेक मर जाता है,
कैसा राज्य कैसी है नीति,
पग पग पर मरी है राजनीति,
लहू से आसन सजता है,
घरों का चिराग बुझता है।।

बैठ जाते पाण्डव पाँच,
नीति नियम की करे वह जाँच,
याचना खत्म अब रण होगा,
किसी पल और क्षण होगा,
सेना रण से क्यों घबराए,
कुछ भी हो सत्ता ना जाए।।

युधिष्ठिर दे अंतिम ललकार
सेना युद्ध को हो तैयार
युग युगांतर रहेगा याद
बहुत हुआ अब नहीं फरियाद
सबको भेजा गया प्रस्ताव
कौन लड़े संग है अधिकार।।

भू का हो रहा बंटाधार
शव पर सफर आसन स्वीकार
राजा अंधे देखे कैसे
संजय युद्ध वांचे जैसे
सुनी है महलों की दीवारें
धरती अम्बर चीखे कराहे।।

पितामह युद्ध नियम बनाते,
कौरव पांडव को बताते,
अरे खोल कर देखो नेत्र,
सज जाता है कुरुक्षेत्र,
राजाओं का मिला है साथ,
एक कर को तो सौ सौ हाथा।।

युद्ध मे किधर रहे द्वारिका,
पूछे जा कृष्ण की इच्छा,
पार्थ-दुर्योधन दो याचक,
एक निश्छल दूसरा लालच,
कहे केशव मैं तो अकेला,
दुसरी ओर मेरी सेना।।

हे पार्थ तुम्हें क्या लेना,
नर या नारायणी सेना,
चक्र मैं नहीं उठाऊंगा,
सारथी मैं बन जाऊँगा,
बोलो पार्थ क्या स्वीकार्य,
सेना या मुझसे हो कार्य।।

अर्जुन माँगे कृष्ण का हाथ,
सारथी रण में देना साथ,
दुर्योधन प्रसन्न हो बोला,
आपकी सेना मुँह खोला,
सूर्य उदित होगा या अस्त,
नव सवेरा या अँधेरा मस्त।।

अभिमन्यु कर रहा तैयारी,
आये कब लड़ने की बारी,
तैयार है पांडव कुमार,
तेज कर चुके सभी हथियार,
प्रलयंकर यही जंग होगा,
तेज बल शौर्य संग होगा।।

चिंता ना ही रहे प्राण की,
सोचे ना कभी आराम की,
वैभव पाने में लगता युग,
अर्थ वंश अंत करता युद्ध,
धनुष प्रत्यंचा की डंकार,
काफी है दे सके ललकार।।

उधर भी है यौद्धा सारे,
कर्ण भीष्म द्रोण बेचारे,
याद रहेगा कुरुक्षेत्र,
भुला नहीं जाता है युद्ध,
पराजय कितना अंत करेगा,
विजय कौन षड्यंत्र होगा।।

सोनू कुमार मिश्रा

जो भी हो इतना तो तय है,
होना बस क्षय ही क्षय है,
बाजी लग जाये जानो की,
आहुति दी जाए प्राणों की,
दीपक कितना ही बुझ जाए,
तेज कितना फ़िर व्यस्त होगा।।

द्वंद राजनीति की अति घातक,
कुर्सी खातिर इतना नाटक,
चर्चा होना है वर्षों वर्ष,
कैसा उत्सव कैसा अमर्ष,
नव प्रातः का स्वागत होगा,
रण नहीं महाभारत होगा।।

जब तक हरा जाएगा चिर,
भान ना होगा जन का पीड़,
खुल कर जब षड्यंत्र होगा,
चौसड़ खेल का अंत होगा,
तय है की आयेगा उबाल,
क्रांति की जले फिर से ज्वाल।।

राजा चाहे तो टल जाता,
बादल तमों का छँट जाता,
लेकिन मोह में था मजबूर,
मत समझना कि था मासूम,
आसन ही सबसे प्यारा हो,
तब सिंहासन हत्यारा हो।।

अभिमन्यु

प्राणों की लगती है दाँव,
बच्चो से छिनती है छाँव,
सूर्य क्यों ग्रहणों से हारे,
चाँद क्या भू को ललकारे,
जहाँ रहे सत्ता सियासत,
परिणाम सदा देता घातक।।

संग्राम का दोषी कौन,
अद्य का वहाँ बोधि कौन,
अब विचार का है समय नहीं,
शेष हो कोई विस्मय नहीं,
चेतन मन नहीं होगा शुद्ध,
तय मैदान में होगा युद्ध।।

07. अभिमन्यु समर में

समर का होता है आगाज,
मचता चहुँओर रक्तपात,
प्रतिद्वंदिता में सम्बन्ध,
मरने-मारने का अनुबंध,
सखा वैरी रक्त का प्यासा,
एक ने तो कई-कई को मारा।।

एक ओर है अर्क का ताप,
दूजा विधवा करती विलाप,
निश्छल कई सुहाग लुटा है,
दीपक घरों का भी बुझा है,
युद्ध है तो फिर होगा क्षय,
जीतेगा जो उसकी हो जय।।

द्वंद है अपने जोरों पर,
सेना है हाथी घोड़ो पर,
भाई को है भाई मारे,
सम्बन्धी अरि बन संहारे,
बाण चला रहा है तीक्ष्ण,
वैरी अंत उतारू भीष्म।।

युद्ध का जो परिणाम होगा,
तय भयानक संहार होगा,
सहे कौन भीष्म के शयक,
बूढ़े करो में शेष है बल,
पितामह को रोकना होगा,
रणभूमि में टोकना होगा।।

वरना दल संहार करेंगे,
कौरव की जयकार करेंगे,
रोको-रोको कोई रोको,
अरे पितामह को तो टोको,
कर रहे विध्वंसक वार,
पांडव सेना में चीत्कार।।

आगे आ जाता है बालक,
बल उसका लगता है घातक,
अहो बालक कौन हो तुम,
हूँ मैं वीर पार्थ का सुत,
अभिमन्यु ही है मेरा नाम,
समर में अड़ना मेरा काम।।

जान पितामह थे पछताये,
ईश्वर कैसे दिन दिखाये,
कहते बनू ना मैं पापी,
कोई कहे ना ही अपराधी,
विधना ये कैसा खेल रचे,
रण में पितामह पौत्र खड़े।।

बालक कहे गम्भीर बनकर,
उभरा जो एक वीर बनकर,
पितामह आलय हो सम्बन्ध,
रणभूमि में हो मात्र द्वंद,
करता हूँ अर्पित मैं प्रणाम,
मगर युद्ध का करे आगाज।।

भीष्म बार-बार समझाते,
विवशता अपनी वे दिखाते,
परपोते पर करूँ मैं वार,
कैसे दिन थे देखने आज,
अहो बालक तुम पीछे हटो,
जाओ दूजे से युद्ध करो।।

करूँगा नहीं तुझ पर वार,
कर कैसे सकता मैं प्रहार,
कहे बालक मैं डरूँ कैसे,
पीठ दिखाकर चलुँ कैसे,
पितामह मैं हट नहीं सकता,
गाथा एक रट नहीं सकता।।

पार्थ पुत्र मैं डरूँ कैसे,
आपके कुल से रुकूँ कैसे,
पितामह आप धनुष उठाये,
अपना बाण मुझ पर चलाए,
ना पोते पर बाण चलाऊँ,
अच्छा मैं ही पीछे हट जाऊँ।।

अभिमन्यु

दुर्योधन सुनकर है चौका,
वध करो है अभी ही मौका,
सेनापति हो आप हमारे,
शत्रु समझ कर दो संहारे,
पितामह कहे सुनो युवराज,
न्याय जिंदा है मुझमें आज।।

अराति बराबर तभी प्रहार,
सुत का कैसे करूँ संहार,
है नहीं जो मुझ पर भरोसा,
सेनापति तुम चुन लो दूजा,
लेकिन कर ना व्यर्थ सन्देह,
पक्ष में खड़ा रहता सदेह।।

मेरा न्याय धर्म ना तोड़ो,
कैसे लड़ना मुझ पर छोड़ो,
हो भले ही तुम भी युवराज,
देखे है मैंने कई राज,
दुर्योध तुम काज सम्भालों,
जाओ तुम वाद्य सम्भालों।।

भीष्म ही रथ अपना मोड़े,
पर बालक निज हठ ना छोड़े,
पथ में विघ्न देता डाल,
पितामह के आगे में भाल,
पितामह का पथ जो रोके,
शस्त्र से उन्हें जो टोके।।

साधारण ना ही वह बालक,
रण कौशल में अति है घातक,
एक ही परिवार की पीढ़ी,
खेल रही है साँप सीढ़ी,
सबको तो यहाँ लड़ना है,
बाधा बनकर ही अड़ना है।।

पितामह पथ में घातक बाण,
मार्ग रोके हलक में प्राण,
पितामह हो रहे हैं क्रोधित,
बालक लागे अद्य से बोधित,
किंतु कैसे शस्त्र उठायें,
निजी वे फिर अस्त्र चलायें।।

भीष्म जोरों से चिल्लाते,
हैं वे डाँटते समझाते,
बोले अर्जुन रोको इसको,
कोई तो अब टोको इसको,
वरना कर से मारा जाए,
द्वंद कितना टाला जाए।।

अहो बालक मानो आदेश,
मृत्यु को तुम दो ना सन्देश,
मुझे नहीं है तुमसे लड़ना,
कोशो दूर शेष है चलना,
बालक कहे त्यागे सम्बन्ध,
शत्रु समान हो सारे बन्ध।।

पितामह देता मैं ललकार,
युद्ध निमंत्रण हो स्वीकार,
करे आप ही स्वयं तो घात,
या फिर सहे मेरा प्रतिघात,
साहस देख भीष्म हर्षाते,
आशीष दे यही कह पाते।।

हे कुलदीपक नाम कमाना,
शौर्य से अपना काम रचाना,
रण नहीं उपहार के भागी,
तुम तो हो दुलार के भागी,
चल ही रहा है वाद-विवाद,
टल नहीं पाता है प्रतिवाद।।

होती है भू पर यह चर्चा,
बालक वीर उसकी प्रशंसा,
पितामह को वह रोक देता,
रणभूमि में वह टोक देता,
साहस नहीं आयु का सेवक,
शौर्य नहीं उम्र का द्योतक।।

पितामह पौत्र का संवाद,
अंत हो सकेगा यह विवाद,
यौद्धा है कोई कम नहीं,
मरने-मारने में गम नहीं,
कर सकता है घातक प्रहार,
दे सकते हैं किसी को मारा।।

समय ही अब विराम लगाये,
क्रीड़ा नियति समझ ना आये,
वक्त का चक्र रुकता नहीं,
परिस्तिथि कैसा झुकता नहीं,
सुबह से हो जाती है शाम,
रवि किरणों पर लगता विराम।।

दिवस संध्या आकाश चढ़ा,
आज के रण पर विराम लगा,
चर्चा हो पार्थ कुमार,
शक्ति शौर्य आ ललकार की,
पार्थ सीना वही फुलाते,
पांडव सभी है हर्षिते।।

दुर्योधन मिथ्या दाँव मढ़े
पितामह को ही द्रोही कहे
कहे आज ही मारा जाता
अगर ना ही सहारा होता
पितामह करते सोच विचार
यौद्धा नेक पार्थ कुमार।।

कुल का दीपक नाम करेगा,
अनेक शौर्य काम करेगा,
रण कौशल और शक्ति अपार,
चुम्बन को मन करे हर बार,
भारत वर्ष करें उस पर नाज,
सदियों-सदियों रहेगा याद।।

अभिमन्यु

युद्ध वृतांत सुने सुभद्रा,
मन ही मन हर्षित है उतरा,
सुत मेरा शौर्य प्रतीक,
चलता है पिता के पदचिह्न,
प्रिय प्रतापी हो यह यौद्धा,
हर्षित वंश सारे पुरोधा।।

कृष्ण आकर करें मन्त्रणा,
बने कैसे कल की योजना,
जरूरी अति है पितामह वध,
वरना घातक हो सकता कल,
भीष्म कैसे मारे जाए,
युक्ति अब कौन सा अपनाए।।

कहे कृष्ण आशीष लौटा दो,
बाधा सर से आप हटा लो,
कहो पितामह मिथ्या आशीष,
अच्छा था पिला देते विष,
पांडव सब शिविर में जाते,
आशीष उनका है लौटाते।।

आप हो तो होगी पराजय,
कैसे हमारी होगी विजय,
पितामह सब रत्न लौटा लो,
या फिर वध का राज बता दो,
कहे पितामह सुनो युधिष्ठिर,
समर में कैसे रहूँगा स्थिर।।

जबतक हूँ नाश करूँगा,
सेना का विनाश करूँगा,
लेकिन रण में लाओ नारी,
हो कोई ऐसी तैयारी,
वचन की शस्त्र ना उठाऊँ,
स्त्री पर अस्त्र ना उठाऊँ।।

युद्ध में कौन उतरे नारी,
बोली रण करूँ पंचाली,
कहे केशव व्यर्थ है रोना,
समय शेष है कुछ ना खोना,
पथ उत्तम होता पगडंडी,
समय उचित्त उतारो शिखंडी।।

अर्जुन संग शिखंडी सवार,
पितामह रख देते हथियार,
बोले अर्जुन तुम घात करो,
विचारों नहीं तुम वार करो,
कैसे थामे वह प्रत्यंचा,
घात करें नहीं है ईच्छा।।

केशव अर्जुन को समझाते,
वार खातिर उसे उकसाते,
मारे पार्थ बाण पर बाण,
पितामह तन तीर प्रावधान,
भेद चुका है तन को सारे,
पितामह गिरे औंधीयारे।।

अभिमन्यु

कौरव दल में हड़कंप मचे,
जैसे कहीं पर भूकम्प उठे,
भीष्म सोये शयक सेज पर,
मगर वश है उनका मौत पर,
रण अंत तक जीवित रहेंगे,
राज युधिष्ठिर देख मरेंगे।।

पितामह स्थान कौन बिराजे,
स्थान उनका द्रोण सम्भाले,
दाँव उनका समझना कठिन,
जाने लक्ष्य भेदना कठिन,
द्रोण तो है सबसे चालाक,
खेल बड़ा वे रचेंगे आज।।

शिविरों में होती मन्त्रणा,
कैसी होगी शेष योजना,
दोनों पक्षो में हो विचार,
कब चलाया जाए हथियार,
रहस्य गुप्त रचाना होगा,
अनिक को फँसाना होगा।।

बज उठती है शंख की ध्वनि,
वीर रण में छोड़ छावनी,
द्वंद में नर संहार मचे,
धरती पर है कंकाल बिछे,
अभिमन्यु करें घातक प्रहार,
रिपु सेना मार रहा हजार।।

विध्वंसक बालक अति व्याघ्र,
कौरव सेना करें संहार,
जैसे उस पर जिन्न सवार हो,
हाथों में तेज हथियार हो,
हार तो रहे हैं अरि सारे,
एक दूजे के जो हत्यारे।।

कौन किसका कब होगा नाथ,
पुत्र कितने बनेंगे अनाथ,
किशोर तो लगता है घातक,
कहीं अंत कर दे ना बालक,
दुर्योध चिंतित करे विचार,
किया जाए कौन सा प्रहार।।

अभिमन्यु से थे जो भी लड़े,
अचेत होकर धरा पर गिरे,
सह नहीं पाते उसका वार,
शस्त्र का नहीं है उपचार,
बन रहा है विध्वंसक रूप,
धारण करता हिंसक स्वरूप।।

अभिमन्यु तनिक रुकता नहीं,
पलभर के लिए थकता नहीं,
कर रहा है वह सारे काम,
जिसने वीरों में लिखा नाम,
चला जा रहा रथ का घोड़ा,
घायल कर कितनों को छोड़ा।।

अभिमन्यु

होता जो भीषण संग्राम,
शायद ही युद्ध पर लगे लगाम,
सूर्य कैसे छिपाये तेज,
लक्ष्य क्यों ना सके वह भेद,
दिनकर को तो दीप दिखाना,
मुश्किल है शौर्य समझाना।।

तिमिर भले ही लाख घना हो,
रोशनी से जग का भला हो,
नई सुबह को फिर आनी है,
गति जीवन मे फ़िर लानी है,
कोयल जो मधुर गान गाये,
मोर नाचे उत्सव मनाये।।

छँट जाएगा अंधियारा,
दूर नहीं है अब उजियारा,
यज्ञासनी के खुले हैं केश,
रण में बदला है पूरा देश,
नारी का हो घोर अपमान,
जीवन हर लेगा वह तमाम।।

वीर अपना शौर्य दिखाये,
प्रहार कोई सह ना पाये,
युद्ध में हुआ नहीं विश्राम
पल भर का नहीं है आराम,
प्रातः कल का होगा कैसा,
देखा जाए होगा जैसा।।

लेकिन बालक से टकराये,
धरा पर गिरते औंधियारे,
बालक कितना युद्ध करेगा,
अनीक के विरुद्ध करेगा,
देखा जाए अब संग्राम,
अंकित यौद्धा करते नाम।।

नये उदय पूर्व अँधेरा,
सूर्य पर ग्रहणों का डेरा,
अर्क उगे अँधेरा छँटे,
नूतन किसलय पर पुष्प खिले,
युद्ध का हो कैसा परिणाम,
देखा जाए शौर्य तमाम।।

पथ में है कई-कई बाधा,
सन्मुख है कई-कई राजा,
जीते वही जो डरेगा नहीं,
मर कर भी वह मरेगा नहीं,
लड़ता है जो वह ही जीतता,
व्यर्थ में तू क्यों है सोचता।।

द्रोण क्यों ना अब दाँव चले,
शत्रु के लिए वह जाल बुने,
फाँसे जाए शत्रु पाँच,
राजनीति से रण का आगाज,
चल रही है घोर मन्त्रणा,
बनती है प्रच्छन्न योजना।।

अभिमन्यु

मगर प्रताप देख हर्षाये,
संजय सारी कथा सुनाये,
कहे सुन लो अहो महाराज,
युद्ध में बहुत कुछ हुआ आज,
अभिमन्यु शक्ति है दिखलाता,
अनीक को वह मार गिराता।।

08. अभिमन्यु चक्रव्यूह में

रण के बीत चुके कई दिन,
आ जाता है फिर ऐसा दिन,
द्रोण ने एक जाल बिछाया,
पांडव कुछ समझ ना पाया,
फाँसने की है तैयारी,
उलझ रही है सेना सारी।।

दिखता है कोई दाँव नहीं,
समझे कोई भी जाल नहीं,
दिखे एकदम सामान्य व्यूह,
पांडव कुरु लड़े विरुद्ध,
पार्थ को रण से दूर रखें,
कोई जाकर मजबूर करें।।

अर्जुन जाए जब दूजे छोड़,
तब युधिष्ठिर को लेंगे घेर,
राजा बंधक सेना हारे,
करें क्या पांडव बेचारे,
रचना होगा एक कटु व्यूह,
हाँ, हाँ, रचे चक्रव्यूह।।

लेकिन दिखे मायाजाल है,
धर्मराज के लिए जंजाल है,
एक योद्धा आकर बोला,
नीति अपनी वहाँ पर खोला,
अर्जुन को दूँगा ललकार,
ले जाऊँगा रण के पार।।

जैसे पार्थ रहेगा दूर,
चाप प्रत्यंचा से मजबूर,
वहीं से मैं शंख बजाऊँ,
सफल हुई नीति यही बताऊँ,
पांडवों को था यही भान,
युद्ध होगा शायद सामान्य।।

लेकिन कौन नियति को जाने,
चतुर चाल कैसे पहचाने,
रणनीति में अति निपुण हैं द्रोण,
चतुर चालाक दूसरा कौन,
होता वह जो पहले तय हो,
मानव हिय में कैसा भय हो।।

अर्जुन ललकार सहते नहीं,
युद्ध बिन शांत रहते नहीं,
चला गया वह शत्रु की ओर,
लड़ने के लिए दूजा छोड़,
प्रतीक्षा थी अवसर आया,
कौरव नीति उनको था भाया।।

करता है वह घनघोर नाद,
चक्रव्यूह का शंखनाद,
सेना बदलती है व्यूह में,
जंग तब्दील चक्रव्यूह में,
चक्रव्यूह या अभेद किला,
कदम-कदम पर है मौत बिछा।।

समर भूमि में खड़ा युधिष्ठिर,
मन ही मन है व्याकुल चिंतित,
अर्जुन रण के दूजे तट है,
करना कठिन है व्यूह को भंजित,
क्या आचार्य के जमघट में,
पांडव दल फँस जाएगी।।

धर्म-अधर्म के संघर्ष में,
धर्म पथ फिर उलझ जाएगी,
व्यूह ऐसा की भेदन जिसका,
अर्जुन अतिरिक्त ज्ञात नहीं,
परिणीति होगा कितना घातक,
था कोई भी अज्ञात नहीं।

चिंतित व्यूह भेदेगा कौन,
क्या रण जीत ही लेंगे द्रोण,
चारों बन्धु करें मन्त्रणा,
चक्र दमन की बने योजना,
पराजय से चिंतित पांडव,
पल भर तो थे भयभीत हुए।।

रणनीति देखकर कौरवों की,
धर्मराज भी मूर्च्छित हुए,
तभी साहसी शौर्य प्रतीक,
आया वहाँ पर एक वीर,
बालक अपनी चाल बताए,
मंद-मंद ही वह मुस्काये।।

जानता हूँ प्रवेश करना,
वेला उचित्त अभी है लड़ना,
धर्मराज ने गौर से देखा,
दखल व्यूह में कैसे सीखा,
तुम हो अति ही निर्मल बालक,
मगर व्यूह है यह तो घातक।।

कठिन बहुत है व्यूह भेदना,
उचित्त भी है तुम्हें रोकना,
भेजना तुझे मृत्यु बुलाना,
बाद में हमें है पछताना,
हुआ कुछ तो मुँह छिपाऊँ,
क्या पार्थ से नयन मिलाऊँ।।

बालक एकदम धीर होकर,
कहे वह अति गम्भीर होकर,
रण भूमि में मृत्यु से हो डर,
इससे अच्छा जाना है मर,
अगर आज भी मैं लड़ा नहीं,
अरि सेना सम्मुख अड़ा नहीं।।

कैसा योद्धा कहलाऊँ,
कल किसी से क्या कह पाऊँ,
भाग गया अगर अभी रण से,
भय के भयंकर इस क्षण से,
हे महाराज मैं लड़ा नहीं,
आज यहाँ अगर अड़ा नहीं।।

सदी का उपहास बनूँगा,
कुल के लिए दाग बनूँगा,
मुझपर लग जायेगा कलंक,
पांडव कुल रहे निष्कलंक,
तात चक्र में करना प्रवेश,
दीजिये मुझे आप आदेश।।

बालक हूँ पर कायर नहीं,
रण से डरुँ वह नायक नहीं,
मैं प्रतापी पुत्र पार्थ का,
मैं भागी नहीं अपराध का,
दंश कायरता सहना नहीं,
घुट-घुटकर कभी रहना नहीं।।

व्यूह प्रवेश सीखा गर्भ से,
सर उठाऊँ सदैव गर्व से,
प्रवेश करना इसी व्यूह में,
जीवन मरण तय हो व्यूह में,
रण कौशल की सारी शिक्षा,
गुरु केशव से ली दीक्षा।।

अभिमन्यु

सुनकर उस बालक की बातें,
उबल रही है सब जज्बाते,
मानना पड़ा धर्मराज को,
भेजना ही पड़ा कुमार को,
लेकिन शर्त चलूँगा साथ,
रण में बराबर होगा हाथ।।

तुम रहो ना रण में अकेले,
चारों चाचा होंगे पीछे,
युधिष्ठिर का है यह आदेश,
संग-संग सभी करे प्रवेश,
आगे-आगे रहे अभिमन्यु,
चलाता बाण भेदता व्यूह।।

पीछे-पीछे चारों भाई,
जमकर शत्रु से हो लड़ाई,
व्यूह गुरु का हम तो तोड़े,
मगर साथ ना अपना छोड़े,
चौखट पर ही जयद्रथ खड़े,
दरवाजा वह सबका घेरे।।

अभिमन्यु तोड़े पहला द्वार,
लेकिन पांडव खड़े बाहर,
भीम की गद्दा करे प्रहार,
चल ना सका कोई तलवार,
नकुल सहदेव का श्रम व्यर्थ,
द्वार तोड़े हैं नहीं समर्थ।।

शत्रु सेना का काल बनकर,
मृत्यु का वह प्रस्ताव बनकर,
अभिमन्यु कर रहा है प्रहार,
तोड़ रहा वही सारे द्वार,
साहसी शौर्य अतुल्य तेज,
लक्ष्य को रहा है वह भेद॥

पग-पग चुनौती देती मौत,
लेकिन छिप नहीं सकती ओज,
पंचत्व को देता दुत्कार,
बार-बार दे रहा ललकार,
शत्रु सेना पर घातक वार,
लगता करें सबका संहार॥

कुरु कटक में मचे हड़कम्प,
प्रहार देख उठे भूकम्प,
अचंभित योद्धा द्रोण हुए,
प्रवेश चक्रव्यूह कौन करे,
संशय में सभी का बाहुबल,
लेकिन जंग लड़े आत्मबल॥

दुर्योध शकुनी कर्ण सोचे,
कैसे मिलकर रथ को रोके,
कर रहा है घातक संहार,
तोड़ रहा है वह सभी द्वार,
एक-एक पुरोधा है मौन,
महारथ सबकी होती गौण॥

अभिमन्यु

दुर्योध देखकर घबराया,
क्रोध से वह चीखा चिल्लाया,
कौन है यह ये शत्रु मेरा,
छः छः द्वार अकेले तोड़ा,
लहू मेरा है अब खौल रहा,
आचार्य आसन डोल रहा।।

सुन लो गुरु और अंग राज,
बालक जीवित बचे ना आज,
शस्त्र उठा कर करो प्रहार,
वैरी बाल तय हो संहार,
टूट पड़ो सभी बनकर काल,
मृत्यु मुँह में दीजिये डाला।।

शिशु समझने की भूल ना हो,
यौद्धा आपसे चूक ना हो,
एक-एक कर लड़े अकेले,
बारम्बार पीछे धकेले,
तेज दिखे ना द्रोण के बाण,
कर्ण-शकुनी संकट में प्राण।।

दुर्योध क्रोध से चिल्लाया,
राह कुनीति फिर से अपनाया,
तोड़ने लगा नियम सारे,
रणनीति रण कौशल हत्यारे,
अहंकार मद में जो चूर था,
अधर्मी अंधकार प्रचुर था।।

तोड़ दो तुम सब सारे नियम,
भूल जाओ सारे नीति धर्म,
यह शत्रु है बस बालक नहीं,
तुम से है अधिक घातक नहीं,
भयभीत कटक करे चीत्कार,
सह ना पाये कोई प्रहार।।

बालक के शौर्य के आगे,
किला मजबूत भी टिका नहीं,
चमू स्तम्भ अत्याधिक घातक,
देर तक लेकिन रुका नहीं,
चलता रहा शौर्य के साथ,
बाँध के कफ़न अपने माथ।।

वह वीर बालक साहस रूप,
यम का धारण करके स्वरूप,
बड़े-बडे सम्मुख महारथी,
कोई यौद्धा या सारथी,
शस्त्र सबका तो मौन रहा,
कौशल वहाँ पर गौण रहा।।

द्रोण को देता है ललकार,
गुरु उठाये आप हथियार,
हे कर्ण हो महाबली वीर,
चला कर देख लो आप तीर,
अहो शकुनी और प्रिय चाचा,
युद्ध लड़ो तो हो ना बाधा।।

अभिमन्यु

चाहता तो रणभूमि से,
भयभीत होकर भाग जाता,
शत्रु के आगे शस्त्र त्याग,
भीख प्राण की माँग आता,
झुका नहीं यह विचार किया,
धारण उसने तलवार किया।।

धरा गगन मौन करती दर्शन,
अतुल्य शक्ति बल का प्रदर्शन,
सामने बचा नहीं वह वीर,
सह सके जो उसका तीर,
वह अपने सभी दाँव चले,
वैरी सेना पर घाव मढ़े।।

रवि का तेज छिप नहीं पाता,
कालचक्र रुक नहीं पाता,
दिन रात करता है जो सैर,
कहो उसे कौन लेगा घेर,
भय अगर तो तय है मरण का,
निष्कर्ष क्या होगा दमन का।।

तय है कि मृत्यु ही अटल है,
निष्पाप और यह निश्चल है,
मरना है तो फिर डरना क्या,
भय से बोलो फिर लड़ना क्या,
लड़ो-लड़ो हे वीर तुम लड़ो,
बढ़ो बढ़ो आप आगे बढ़ो।।

चलो तूफानों से टकराओ,
चट्टान देख मत घबराओ,
शौर्य बल दिखाओ निरन्तर,
लाओ तुम भी पल प्रलयंकर,
बता ही दो क्या होता धैर्य,
जीवन शक्ति और क्या शौर्य।।

पथ में हैं जो बाधा हजार,
उलझो मत आप जाओ पार,
उम्र बाधक तो नहीं होता,
शक्ति साधक सदा ही जीता,
एक अकेला ही बदले युग,
अंतर्मन भी हो अगर शुद्ध।।

उबाल लहू की सोने ना दे,
छल प्रपंच को खोने ना दे,
शोषण से तो लड़ना होगा,
सफर और भी करना होगा,
जाओ-जाओ शक्ति दिखाओ,
नया कोई विसात बिछाओ।।

जिनके होते इरादे नेक,
पथ में होते संकट अनेक,
पग-पग पर मुश्किल परीक्षा,
लेकिन दृढ़ रखो तुम ईच्छा,
कठिन लक्ष्य को लेना भेद,
दिखा ही देना अपना तेज।।

अभिमन्यु

दिवाकर ताप से टकराता,
सृष्टि में पुंज दीप जलाता,
वीरता को मिले क्या उपहार,
पुष्प वर्षा या कण्ठहार,
सभी उपहार होते छोटे,
नियति बस उसे ना ही रोके।।

लड़ेगा हाँ वही लड़ेगा,
अड़ेगा हाँ वही अड़ेगा,
धरा पर जब-जब हो अन्याय,
घुटन में जब जीता हो न्याय,
कोई अभिमन्यु बन लड़ेगा,
व्यूह में हर बार फँसेगा।।

चक्रव्यूह में अगर अभिमन्यु,
तो घेरे में है कौन नहीं,
षड्यंत्रों के जंजाल में,
रह जाता है वह मौन नहीं,
कर्ण बेशक है अति ज्ञानी,
लेकिन संग रखे अज्ञानी।।

मित्र वह जो मित्र को टोके,
कुनीति राह जाने से रोके,
वह मित्र अरि से है भयंकर,
मार्ग खोले जो प्रलयंकर,
शकुनी तो एक फरेबी है,
प्रपंचों का वह करीबी है।।

सोनू कुमार मिश्रा

अभिमन्यु नव चेतना लाना,
लड़ते रण में ना घबराना,
शत्रु निकट बड़े ही वीर है,
जिनपर आरोप गम्भीर है,
खुले है अभी माँ के केश,
शोणित वैरी का अति विशेष।।

तभी वह शस्त्रों से सज्जित,
व्यूह को करने लगा भंजित,
अस्त्र-शस्त्र और है तेज,
लक्ष्य को तभी लेता भेद,
कटक जंग में करे लड़ाई,
पर सुने ना अपनी बड़ाई।।

था सच मे अगर उजाला तो,
अंधेरे में था कौन नहीं,
सच बोलता पहले अगर तो,
रहे कभी भी वह मौन नहीं,
मगर यह नहीं भुला जाए,
दीपक तमो को दे मिटाए।।

अभी भी पूरा समर शेष है,
जंग में बाकी कुछ विशेष है,
रचा गया है जो चक्रव्यूह,
भेदा ना गया चक्रव्यूह,
स्मरण युधिष्ठिर को है आता,
अभिमन्यु जो उन्हें बताता।।

जाने वह तो प्रवेश मात्र,
पर जाने ना निकास मार्ग,
व्यूह के तो द्वार को तोड़े,
शत्रु मूच्छित करके छोड़े,
धरा पर लहू का रहे मिश्रण,
पांडव कौरव शव का मिलन।।

दिवाकर अभी ना अस्त हुआ,
सूर्य अभी नहीं व्यस्त हुआ,
बाकी है पल अभी कुछ शेष,
व्यूह में रहे होना विशेष,
देखो जंग किस ओर जाए,
विजय तिलक किसके सिर भाये।।

समर विशेष सभी है भागी,
एक-दूजे के हैं अपराधी,
रण होना है होने ही दो,
मन खोना है खोने भी दो,
आज का क्या होगा परिणाम,
युद्ध में हो कैसा विश्राम।।

युधिष्ठिर चिंतित परिणाम से,
रण के ढलते हुए शाम से,
बालक दिखा रहा है निज बल,
पर छल तो है उसके पग-पग,
छल का आघात होता घातक,
बंद करता न्याय का फाटक।।

मगर अति ही मजबूर होकर,
खड़ा है वह अति दूर होकर,
रोका था उसे जयद्रथ ने,
रोके रखा था बाल हठ ने,
ओह यह है मेरा अपराध,
भेजता नहीं अकेले आज।।

ना जाने अब क्या सब होगा,
विजय या फिर क्षय तब होगा,
लेकिन वह कर सकता है क्या,
पल पल सताती है यही भय,
बालक अकेला सम्मुख कौन,
कर्ण, दुर्योधन, शकुनी, द्रोण।।

एक तीर लगती है सेना,
बचना कठिन शेष है रोना,
देखता हूँ अब होता क्या,
हे प्रभु रक्षा कर देना जय,
वरना मैं भी होता पापी,
कहलाता मैं भी अपराधी।।

निवेदन वह बार-बार करे,
एक दो ना ही हजार करे,
पुत्र मोह होता किसे नहीं,
राक्षसी प्रवृति उसे नहीं,
शून्य पड़ा है भाल तलवार,
शून्य पड़े हैं सभी हथियार।।

अभिमन्यु

होगा क्या वह देखा जाए,
परिणिति पर ना सोचा जाए,
शत्रु सेना समक्ष है वीर,
देखते कितना रहता धीर,
रचा गया है जो चक्रव्यूह,
फँसा हुआ अबतक अभिमन्यु।।

09. अभिमन्यु वध-पांडव विलाप

अभिमन्यु चक्र में फँसा है,
किसी कुचक्र में फँसा है,
क्या सत्य में हो रहा रण है,
या आसन का यह द्वंद है,
सत्ता है तो छल भी होगा,
आसन का प्रपंच भी होगा।।

प्रश्न ऐसे उठते गंभीर,
दिलासा मन का खोता धीर,
चल रहा निरन्तर संग्राम,
शौर्य प्रदर्शन हो अविराम,
लड़े जो भी उससे अकेला,
कोई आचार्य कोई चेला।।

देता है वह पीछे धकेल,
कस देता है सब पर नकेल,
खेल क्या समझ नहीं आये,
राजीनीति निज रंग दिखाये,
सच में था संग्राम होता,
या सत्ता का काम होता।।

अभिमन्यु

परिणाम युद्ध तय हो जाता,
शत्रु सेना क्षय हो जाता,
लगता बालक नाश करेगा,
कौरव वंश विनाश करेगा,
करता है वह घातक प्रहार,
झेलता है चौतरफा वार।।

भयभीत हो कुरु कुमार ने,
छल-प्रपंच के महाराज ने,
देता आदेश की वध करो,
आज अभी या इसी पल करो,
कल का सूरज यह देखे ना,
मृत्यु कोई अभी रोके ना।।

मौत तय करो सबसे घातक,
देख सिहरे सारे पांडव,
बहुत देर से मचा तांडव,
उत्सव ना मनाए पांडव,
साँसों को इसकी रोक दो,
पार्थ को पुत्र का शोक दो।।

सुरवीर कौरव आ सुरमा,
त्याग करो सब अपनी गरिमा,
आप करो एक साथ प्रहार,
चक्र में ही बालक पर वार,
किशोर पर चौतरफा प्रहार,
वीरता पर जग को धिक्कार।।

कहे कर्ण साथी तुम नायक,
मगर आदेश दो ना कायर,
एक यौद्धा से एक लड़े,
रणनीति नहीं की अनेक लड़े,
सम्पन्न होती है नीति वहाँ,
आ जाती है छलनीति जहाँ।।

अरि को दिया जाए अधिकार,
प्रतिपक्षी चुने या हथियार,
किशोर को भला कौन रोके,
शस्त्रों से अब कौन टोके,
रण से हटे वह नहीं पीछे,
प्रत्यंचा धनु की ना नीचे।।

कहे दुर्योधन किसका मर्म,
कर्ण यहाँ पर कैसा धर्म,
शत्रु है यह नहीं है बालक,
सेना वंश के लिए घातक,
भीष्म के नियम को तोड़ दो,
शिरोधार्य को सब मरोड़ दो।।

बोले कर्ण शत्रु चुनने दो,
शस्त्रों का जाल बुनने दो,
इतिहास का है दोषी कौन,
कुल का दीपक प्रेयसी कौन,
चुनो-चुनो तुम शत्रु को चुनो,
और अपने तुम शस्त्र चुनो।।

अभिमन्यु

बालक जिद्दी हठ पर उतरा,
शौर्य से था रण में उतरा,
अरि सेना पर लक्ष्य साधे,
एक साथ कई-कई मारें,
व्याघ्र के भाँति वह गरजे,
बाण तेज मेघों-सा बरसे।।

दुर्योधन तो तोड़े बंधन,
युद्ध नीति कर रही है क्रंदन,
कौरव मिल हथियार उठाओ,
बालक को मिलकर संहारों,
करना मिल कर घातक प्रहार,
वैरी समझ चौतरफा वार।।

व्रण सारे है तन पर सहता,
परन्तु लगातार है लड़ता,
लगा दी बाजी प्राण की,
चिंता नहीं है निज जान की,
रोकता ना ही वह निज वार,
करें चौतरफा वह अवघात।।

जबतक साँस है मैं लड़ूँगा,
सैनिक भाँति ही मरूँगा,
चाचा गुरु यौद्धा सारे,
समर भूमि तुम्हें दुत्कारे,
उठाओ शस्त्र प्रहार करो,
हाँ, हाँ, मुझपर वार करो।।

सोनू कुमार मिश्रा

दुर्योधन नीच अति अज्ञानी,
भुला है नयनों की पानी,
लाँघ रहा सभी मर्यादा,
सत्ता खातिर बालक बाधा,
दयालुता की सीमा त्यागे,
मारो, जैसे विषधर मारें।।

कुरु योद्धा सब टूट पड़ा,
एक बालक पर सब छूट पड़ा,
आक्रमण करता कर्ण-द्रोण,
शकुनी दुःशासन शेष कौन,
सह रहा है घातक प्रहार,
परन्तु वह नहीं मानें हार।।

शस्त्र भंजित रथ था खंडित,
शौर्य करता महिमा मंडित,
टूट चुके रथ के चक्रों से,
खंडित हो चुके शस्त्रों से,
करने लगा है घातक वार,
कौरव सेना पर वह प्रहार।।

निहत्थे अराति पर हो वार,
रथ शस्त्र बिन घातक प्रहार,
कैसा यह सबने नियम चुना,
किसने कौरव को वीर कहा,
रुको दुर्योध कहते द्रोण,
शस्त्र बिन युद्ध लड़ता कौन।।

धर्मराज जोरों से चीखे,
मर्यादा रण की तो सीखें,
दुर्योधन रुको वह निहत्था है,
रहम करो वह तो बच्चा है,
अरे कर्ण बन्द करो प्रहार,
यौद्धा करता ऐसा वार।।

रण में क्या जायज ही है छल,
शौर्य के आगे में प्रपंच,
कलंकित होते सारे वीर,
भारत भू के धीर गम्भीर,
मृत्यु अटल खड़ा समीप,
लेकिन बालक नहीं भयभीत।।

वह तो साहसी बलिहारी है,
किशोर तो शक्ति पुजारी है,
अंत समीप ना ही मजबूर,
मौत से है ना ज्यादा दूर,
कहे दुर्योध छोड़ दूँगा,
प्राण हरण मुख मोड़ दूँगा।।

अगर प्राणों की माँगों भीख,
नीति नियम सब तू मेरी सीख,
कैसे सामने मैं झुक जऊँ,
विघ्न के आगे रुक जऊँ,
नहीं ऐसा होने ना दूँ,
मान कुल की खोने ना दूँ।।

युद्ध कर देखो चाचा आप,
करिए जितना कर सके पाप,
शस्त्र बिन अभी हारा नहीं,
रण में गया मैं मारा नहीं,
अंतिम साँस तक लड़ूँगा,
लेकिन मैं ना ही झुकूँगा।।

हे कर्ण तुम तो हो ज्ञानी,
कृपा द्रोण क्यों हो अज्ञानी,
गुरु आप तो आचार्य हैं,
छल के पर उत्तम विचार हैं,
चारों ओर से घेरो इसे,
कोई नहीं अब छोड़ो इसे।।

करते रहो निरन्तर प्रहार,
उठाओ गद्दा या तलवार,
तड़पा-तड़पा कर ही मारो,
घमंड सभी नष्ट कर डालो,
शत्रु संहार हो प्रथम,
यही जंग की नीति न्याय कर्म।।

कर्ण शकुनी द्रोण दुःशासन,
अधर्मी कलंकी कुल आसन,
चारों ओर घेर लेता है,
बदन को वह भेद देता है,
करता प्रहार सब घायल पर,
साहसी सब एक बालक पर।।

अभिमन्यु

बालक के नयनों में पानी,
ना ना होगी यह नादानी,
देख उसे होता अचम्भा,
अडिग खड़ा जैसे हो खम्भा,
हाथ लात मुष्टिका अवघात,
सह रहा है चौतरफा वार।।

दुर्योधन चाहता तड़पाना,
रणभूमि में उसे रुलाना,
दे रहा है वह तड़प सारे,
तड़पाकर चाह रहा मारे,
चिल्लाते हैं पाण्डव चार,
वीर की तरह करो व्यवहार।।

ना रथ और ना ही हथियार,
निहत्था बालक सहता घात,
अंत बेला तो अति निकट है,
परिस्थिति वहाँ अति विकट है,
कहे अभिमन्यु सुनो हे तात,
उतरा को सुनाना वृतांत।।

कहना प्रिय तेरा ना हारा,
अकेला उसे मिलकर मारा,
सह रहा था चौतरफा वार,
झुका नहीं सका उसे प्रहार,
अरि के समक्ष वह अड़ा रहा,
अडिग होकर वहीं खड़ा रहा।।

कह देना मेरे पापा से,
और मेरे गुरु मामा से,
पुत्र उनका रुका नहीं,
वैरी के समक्ष झुका नहीं,
कुल दीपक तो है निष्कलंक,
कुल पर लगने दे ना कलंक।।

कहे युधिष्ठिर सुनो हे कर्ण,
अरे अब कर दो कोई रहम,
एक वार से ही अंत करो,
वीर हो ना षड्यंत्र करो,
निहत्था पुत्र रहा है तड़प,
अच्छा है जाना इसका मर।।

कर्ण यह सब देख ना पाता,
खुद को वह रोक नहीं पाता,
उठा लेता है स्वयं तलवार,
करता है वह अंतिम प्रहार,
वार एक से ही अंत करें,
खत्म सारे षड्यंत्र करें।।

देख के शक्ति पराक्रम को,
रण कौशल और हठ कर्म को,
नमन राष्ट्र करे हर बार,
झुककर कर्ण भी करे प्रणाम,
रण भू में शहादत स्वीकार,
वीरों का हो प्रथम अधिकार।।

अभिमन्यु

भानु के डूबने से पहले,
साँझ के ढलने से पहले,
एक सूर्य और अस्त हुआ,
छल के आगे में पस्त हुआ,
प्राण अर्पित धर्म के लिए,
निज वंश और कर्म के लिए।।

कुरु कटक से संघर्ष हुआ,
कलंकित पूरा ही वंश हुआ,
द्रोण भी निकलता है कायर,
कर्ण कैसा भूमि का नायक,
दुर्योधन तो है ही कपटी,
छल प्रपंच का नायक शकुनी।।

संजय कहे धृतराष्ट्र से,
अंधे-बहरे महाराज से,
शौर्य साहस से चित्त खोये,
हे महाराज, हिय से रोये,
स्मरण रहेगा यह व्यूह,
स्मरण सदा रहेगा अभिमन्यु।।

हे महाराज, तुम हो पापी,
हर अनिष्ट के तुम ही भागी,
दे देते अगर तुम अधिकार,
अस्त ना होता सूरज आज,
सियासत में मग्न रहना था,
तुम्हें क्यों कुछ भी कहना था।।

सोनू कुमार मिश्रा

विनाश लीला के भागी तुम,
वसुधा के अपराधी तुम,
आसन तेरा लहू से रंजीत,
सशक्त वंश हुआ है खंडित,
थी तुम्हारी कृत्य मौन,
देखा जाएगा और कौन॥

राजा को मगर मलाल नहीं,
बजाता है स्वयं गाल अभी,
कौरव कुल होता है हर्षित,
पांडव रण में हुए गर्वित,
अर्जुन को हो रहा आभास,
कुल का सूर्य हुआ परास्त॥

पांडव नयन नीर समाया,
पुत्र वियोग कह नहीं पाया,
विचलित होते हैं धर्मराज,
सेना और पांडव चार,
कृष्ण कैसे आँसू रोके,
पांडवों को कैसे टोके॥

अर्जुन के है नयन में नीर,
बदल देगा रण की तस्वीर,
फुट-फुट कर रो रही सुभद्रा,
प्रिय वियोग को सहती उतरा,
पाप बोध लिए पांचाली,
आँचल रक्त से धो डाली॥

क्या कहे अब कहा ना जाये,
सुत संताप सहा ना जाये,
अर्जुन हो जाता है क्रोधित,
कौरव सारे अद्य से बोधित,
केशव मैं गांडीव उठाता,
कुरु सेना नष्ट कर आता।।

चढ़ाते धनुष की प्रत्यंचा,
कुरु सेना अंत की इच्छा,
लेकिन कृष्ण देते हैं रोक,
रणभूमि में देते हैं टोक,
मत लाँघें पार्थ मर्यादा,
वेला शेष रहा ना ज्यादा।।

रखो धैर्य होगा ही न्याय,
अंत होगा अधर्म अन्याय,
पार्थ अभी तुम धीरज धरो,
इतना ना तुम अधैर्य बनो,
पांडवों की है प्रतिज्ञा,
वध करेंगे सारे यौद्धा।।

तनय संताप सह ना पाये,
नन्दन विलाप कह ना पाये,
मारे जाते कौरव सारे,
बचे ना यौद्धा हत्यारे,
होता ही है युद्ध का अंत,
खत्म होते सारे षड्यंत्र।।

कौरव वंश का समूल नाश,
धृतराष्ट्र मत करो विलाप,
शेष बचे पांडव पाँच,
भू पर बिखड़े हुए हैं लाश,
सवेरा नया फिर आया है,
राज युधिष्ठिर ने पाया है।।

विस्मृत हो कभी नहीं युद्ध,
अपनों का स्वजन विरुद्ध,
दिखाये गये थे पराक्रम,
कदम-कदम पर छल प्रपंच,
लेकिन प्रश्न है अति गम्भीर,
व्यूह में ही फँसा था वीर।।

क्या यही नियत या नीति थी,
या आसन की यह सीढ़ी थी,
राजनीति सदा खेल रचाता,
पराक्रम कौशल उलझाता,
होती जंग अगर आसन की,
संग्राम हो सिंहासन की।।

वहाँ फँस ही जाते वीर,
योग्यता कुशलता तकदीर,
सियासत सदैव दाँव चले,
बुनकर के भाँति जाल बुने,
बल विवेक सब मारे जाते,
अहंकार में हारे जाते।।

अभिमन्यु

स्मरण रखना युधिष्ठिर सदैव,
कहलाये हो कैसे भूदेव,
मिली है जो तुझे सिंहासन,
शव पर सफर कर यही आसन,
ध्यान रहे सब नीति न्याय धर्म,
प्रजा हितकारी करना कर्म।।

कितने कुल हो चुके हैं नष्ट,
होना नहीं तुम शासक भ्रष्ट,
राजा हो तो प्रजा हितैषी,
स्त्री आदर की है प्रेयसी,
सुहाग कितने गये उजाड़े,
घरों में कितने अंधियारे।

नृप हो तो दो नहीं अभिशाप,
दुखी प्रजा राज्य का श्राप,
राजा वही जो जाने मर्म,
पीड़ा हो तो देना मरहम,
वीरों का बलिदान याद हो,
पर लंबित नहीं फरियाद हो।।

आसन तब ही न्यारा होगा,
जन गण मन को प्यारा होगा,
संतान हुए हैं जो अनाथ,
सहारा देना बनकर नाथ,
हर्षित रहे मजदूर किसान,
आदर सबको मिले सम्मान।।

सोनू कुमार मिश्रा147

पीड़ा सह चुके हो दास की,
दंश झेले हो वनवास की,
राजा वही प्रजा हितकारी,
योजना हो कल्याणकारी,
अटल इरादा और संकल्प,
न्याय का खुला रखना विकल्प।।

सत्ता मिली अहंकार ना हो,
घर-घर मे अंधकार ना हो,
डगर-डगर पर नव दीप जले,
बगीचों में फिर से फूल खिले,
सत्ता तेरी करे ना आहत,
दीन-हीन को देना राहत।।

कई-कई नृप देखें हमने,
अहं मद मग्न देखें हमने,
कहलाते हो तुम धर्मराज,
पीड़ा सहे ना तेरा राज,
जनता ना कष्ट से कराहे,
राज छोड़ ना बाहर भागे।।

आशा है तुम समझे होंगे,
भाव जनों की परखे होंगे,
हो जहाँ पर अगर सियासत,
करती सदा प्रजा को आहत,
शव पर चलकर आसन पाया,
आसन मिला भूल ना जाना।।

राजनीति की रंगत पुरानी,
भूलते आँखों की पानी,
राजा होता है वह महान,
जन भावना का रखता ध्यान,
राज्य के सेवक बने भ्रष्ट,
तय है देश का होना नष्ट।।

भारत के वीरों के आगे ,
सर झुकता धीरों के आगे,
धरती के है अक्षत चंदन ,
बार-बार होता अभिनन्दन,
सह गया जो प्रहार तीक्ष्ण,
अंत युग वह हुआ है भीष्म।।

अब क्या होगा पछताने से,
नेक मृत्यु गले लगाने से,
चख चुके हैं नर संहार को,
सुन चुके हैं जो चीत्कार को,
सच मे युद्ध का दोषी कौन
आसन का है प्रेयसी कौन।।

प्रश्न ऐसा की विचार करें,
सच को मिलकर स्वीकार करें,
सत्ता जब है निरंकुश होती,
सत्य को है अगर वह खोती,
रचाता है फिर महाविनाश,
पूरे राज्य का सत्यानाश।।

सोनू कुमार मिश्रा

यौद्धा तो वीर थे सारे,
अंतरात्मा के हत्यारे,
मार दिया था सबने ही मन,
मिथ्या मन मे था जो घमंड,
कई अहंकार में डूबा था,
अंधकार का मंसूबा था।।

नारी कर कंगन तोड़ रही,
सिंदूर माथे का पोछ रही,
पूछ रही किया क्या अपराध,
कह देते अंधे महाराज,
सिंहासन का सब खेला था,
व्यर्थ में सभी झमेला था।।

बात एक यह सच-सच बताना,
सत्ता जैसा मत झुठलाना,
क्या कारण एक चीरहरण,
या फिर रहा सत्ता का वरण,
चीरहरण तो इंतजार क्यों,
तत्क्षण रण का आगाज ज्यों।।

समय फिर से दोहराता है,
वक्त लौटकर फिर आता है,
चक्रव्यूह तो आज भी है,
घेरने को सब साज भी है,
तब घिरा था बस वह अकेला,
आज है किशोरों का मेला।।

अभिमन्यु

कोई चाकरी माँग रहा,
कोई नौकरी हाँफ रहा,
कही पर है अति महँगाई,
कही खादी की रहनुमाई,
सत्ता स्वयं में ही चूर है,
शोषण का मार्ग भरपूर है,

जन है जब सड़को पर उतरे,
लाठी डंडे जमकर बरसे,
सुनता है भला किसका कौन,
आसन तो है आज भी मौन,
वस्त्र हरण हो पांचाली,
चिल्लाती रहती है नारी॥

अभिमन्यु कोई आज भी है,
छिपे हुए कई राज भी है,
चक्रव्यूह में फँसा हुआ,
राजनीति में वह उलझा हुआ,
कर रहा है वह भी संघर्ष,
शोषण सत्ता से वह अमर्ष॥

समय बदला इंसान ना ही,
बैठा है हैवान यही,
जो नर को नित्य नोचता है,
लाशों से वही खेलता है,
उछालता है वह रोटी को,
मानव के बोटी-बोटी को॥

जग तो अभी भी शर्मिंदा है,
उड़ता हुआ जो परिंदा है,
कौन किसका बना हत्यारा,
कौन किसको देता सहारा,
निर्जन लाशें हैं राहों में,
बच्चे बिलखे हैं बाहों में॥

मानवता का सजा बाजार,
पग-पग बिछा है अत्याचार,
क्रंदन कानों तक आती है,
रातों को हमें जगाती है,
नीर तो है सबके नयन में,
काँटे बिछे है शयन में॥

कुर्सी खातिर हो दुराचार,
आसन ही करे बलात्कार,
सभ्यता नग्न है नाच रही,
झूठ सच सभी को झाप रही,
सुनी पड़ी है भवनों की दीवारें,
लाशों की लगी है कतारें॥

कफ़नो का भी होता सौदा,
लूटने का तय है मसौदा,
खेल-खिलौना रहे भावना,
खतरों में रहे सद्भावना,
देखो-देखो मदारी खेल,
कैसे संकट रहा है झेला॥

अभिमन्यु

सूरज भी जब घबराता है,
पक्षपात वह कर जाता है,
चाँद पर भी लगा है दाग,
जंगलों में है भीषण आग,
त्राहिमाम कर रहा संसार,
उजड़ रहा है कई परिवार।।

सेवक भूखे हैं वोटो की,
अधिपति भूखे हैं नोटो की,
संकट में जब फँसता प्राण,
वायु का हो कालाबाजार,
नीर दुकानों में बिकती है,
भाव से बजारे सजती है।।

खैर, व्यर्थ में ही रोना क्या,
शेष नहीं तो है खोना क्या,
लेकिन सदा ही रखना ध्यान,
खंडहर बन चुका है मकान,
रोटी का मचे शोर कैसा,
मुर्दो का रहे होड़ कैसा।।

आँसू आज भी सस्ती है,
वोट जीवन से महँगी है,
दुख निर्धन की जाने कौन,
चूक अपनी भी मानें कौन,
पीड़ा बहुत है निज हिया में,
अँधेरा दिख रहा दिया में।।

मगर अंत तो होना ही है,
षडयंत्र फिर खोना ही है,
व्यर्थ में कहो क्यों पछताना,
बिना मतलब शोक मनाना,
देखो आगे क्या होता है,
भाग्य भी कब तक सोता है।।

करना ही है तो कर्म करो,
नित ही तुम अपना धर्म करो,
उलझो नहीं तुम सवालों में,
मिथ्या के इन जंजालों में,
आशा फिर से पाला जाए,
आनंद को संभाला जाए।।

सूर्य का सन्देशा देखो,
नव प्रातः अवसर देखो,
जागो-जागो हे अधिनायक,
जन गण मन के सारे नायक
छोड़ो व्यर्थ समय गँवाना
झूठे तुम आँसू बहाना।।

फँसे हुए हो जंग में क्यों,
उलझे हो षड्यंत्र में क्यों,
नमन वीरों का हो हरबार,
सर उठे शौर्य से हर बार,
आओ मिलकर नमन करें,
उन्नति मार्ग पर गमन करें।।

अभिमन्यु

अक्षर कम गाथा लिखने को
वर्ण कम है कथा कहने को,
शौर्य बल का होता वंदन,
भारत भू पर अभिनंदन,
वंदन शत्रु को किया शून्य,
नमन तुम्हें शत शत अभिमन्यु।।

एक युग का यहीं अंत हुआ,
जंग में जो षड्यंत्र हुआ,
अभिमन्यु सदा ही अमर रहे,
शौर्य उसका भी अजर रहे,
भारत भू का अक्षत चंदन,
अभिमन्यु का करले वंदन।।

www.ingramcontent.com/pod-product-compliance
Lightning Source LLC
Chambersburg PA
CBHW020929160726
47993CB00005B/2197